世界植物神話

篠田知和基

世界植物神話

篠田知和基

八坂書房

［扉の図］
フレデリック・レイトン《ヘスペリデスの園》1892 年　イギリス、レディ・リーヴァー美術館

フランスの風刺画家 J. J. グランヴィルによる擬人化されたパンジー（『生きている花々』1846 年より）

❖『世界植物神話』目次

V フランス文学の花と樹……………143

VI 日本文学の花と樹……………181

はじめに

筆者はフランス文学が専門だったが、文学の源へさかのぼってゆくうちに、昔話、そして神話の世界に対象がひろがった。パリでは民俗学博物館の研究部や社会学研究院の比較民俗学のゼミにかよい、日本では比較神話学研究組織GRMCで各国の神話を比較した。その成果のひとつが数年前に出した『世界動物神話』だが、イタリアの神話学者アンジェロ・グベルナティスの業績を見るまでもなく、動物神話の次は植物神話であり、樹木や花や果実について神話、昔話、文学からトピックスをひろって植物神話をまとめた。杉、欅《ケヤキ》、樅《モミ》、桜、リンゴ、オレンジ、桃、ロータス、ユリ、スズラン、スミレなどである。なかにはあまり耳にしないダチュラとかアンコリー（オダマキ）などという花もでてくる。花や木をすべて網羅したものではないのは言うまでもないが、その地域も「世界」といっても主として

エコーとナルキッソス（ジョン・ウィリアム・ウォーターハウス画　1903 年　リヴァプール、ウォーカー・アート・ギャラリー）

日本とヨーロッパで、アフリカやシベリアは入らない。また日本特有の桐などもとりあげなかった。外国の文学作品では邦訳のあるものにかぎり、樹木の民俗でも、日本人になじみのない樹木はとりあげなかった。

植物変身の神話

日本神話とちがってギリシャ神話には花がかなりよくでてくる。たいていは美青年が死んで花に転生する。美女ではなく、美青年であるところがギリシャの特徴だろう。まずはナルキッソスがいる。池にうつる自分の顔に恋い焦がれて、ついに水仙になった。ナルキッソスに恋い焦がれていたニンフのエコーがこだまになったという付け足しがある。ヒュアキントスはアポロンの愛人だったが、ともに円盤投げをして遊んでいるとき、アポロンの円盤があたって死んだ。ヒュアキントスはヒアシンスである。ヘリオトロープは例外的に女で太陽神ヘリオスに捨てられ、永遠に太陽の動きをおう花になった。なお、彼女の恋敵レウコトエは彼女の密告によって父親に殺され、ヘリオスがそこに神々

パンとシュリンクス（ニコラ・プッサン画　1637年　ドレスデン、アルテ・マイスター絵画館）

アポロンとダフネ（アントニオ・デル・ポッライオーロ画　1470-80年頃　ロンドン、ナショナル・ギャラリー）

の飲みしろアムブロシアを注いで、乳香樹になった。ミュラは没薬《もつやく》の木になったが、これはアドニス、アティスについての章で述べる。ふたりとも死んでアネモネとスミレになる。

樹木への変身で有名なのはダプネだ。アポロンに追われて月桂樹にかわった。コルディリエーラインディアンでは、ただ一人の娘を失いたくない父親が神に願って、娘をイェルパの木にしてもらった。どんな木であるかわからない。パンがおいかけたニンフのシュリンクスは葦にかわった。パンがそれを切ってパン・フルートにした。アポロンの寵童のひとりキュパリッソスは、かわいがっていた鹿をあやまって殺して悲嘆にくれ、アポロンに願って糸杉にしてもらった。死者を永遠にとむらう木である。リトアニアでは蛇の女王エグレと子供たちがポプラや樫の木にかわった。エグレの夫である海底の蛇王をエグレの兄弟が謀殺し、それを悲しんでの変身である。血まみれの報復ではなく、しずかな非暴力の抗議である。樹木は一本ずつ、暴力に抗議している。

糸杉に姿を変えるキュパリッソス（アントニオ・テンペスタ画「オウィディウスの変身物語」より　17世紀）

アルプス地方では樅の木に棲む妖精の話がある。樹木の精はギリシャではドリュアデスという。万物に霊が宿るという思想は日本だけのものではない。日本では柳の精などが女になって男のところへ通う。中国なら梅の精が男をとり殺しにくる。同じような話だが、日本では柳の精は柳を切り倒されたときに死ぬ。中国では梅の精にとりつかれた男が衰弱して死ぬ。ヨーロッパでは樹木の精霊も火や水の精霊とおなじく、空中に浮遊していて、人間たちとの情交の機会をまっている。人間とまじわれば人間とおなじに死ねるのだ。さもないと未来永劫に宙ぶらりんの空間に浮遊していなければならない。

あるいは森の奥では深夜に怪しげな火がともされ、その火のまわりで魔女たちの集会がひらかれる。ギンズブルクが『闇の歴史』で紹介したサバト、ディアナ信徒たちの祭りである。森のなかには山賊たちの巣窟もある。反革命の王党派フクロウ党の隠れ家もある。近代合理主義の裏側のありとあらゆる非合理な、神秘な、おどろおどろしい怪異が蟠踞する。「呪われた狩人」の一隊もかけてゆく。聖日に殺生をして、永遠に幻の獲物を狩り立てるように呪われたのである。もちろんそこを森の哲学者ルソーが通り過ぎる。眠り姫の城もある。森の王メルランが眠るガラスの城をひめた湖もある。[01] 木陰にはメランコリックな詩人が好んだアンコリーの花が咲く。アヴァロンの島には魔法のリンゴがなる。森のはずれの草地にもカボチャや瓢箪が蔓をのばしている。瓢箪は世界中にある。「瓢箪は大水脈を湧出させる源であり、人類の始祖をそのふところに容れて大洪水から守った植物性の子宮でもあった」[02]。ここで「瓢箪」を「森」といいかえればどうだろう。森が水を守るのである。森が文明を守るのである。

Ⅰ　神話の森

アドニスの園

小鉢に麦をまき、水をやって芽生えさせ、生えそろったところでそれをもって行列を組み、泉か海へいってそれを投げてくる。これをアドニスの園といい、オリエントで今もおこなわれている風習である。それに近いものとして、エジプトでは殺されたオシリスの像を粘土でつくり、そこに麦をまいて水をやり、その発芽をオシリスの再生にあたるとしてにぎやかな祭式をおこなう（後出）。フレイザーはこの泥人形を土中に埋めるとするが、地上か、祭壇にそなえて、水やりをたやさないで、早い芽生えを期待するものとも思われる。芽生えのあとは地中に埋めてもいい。この「アドニスの園」と「オシリスの芽生え」は死んだ神の再生を期待し、その実現を祝う祭である点は共通している。フレイザーはいずれも植物霊の復活を祝うものとする。しかしドゥティエンヌは、アドニスの園の行事が真夏におこなわれ、芽生えるとすぐに枯れてしまうし、枯れなくとも祭礼で水中に投棄するところから、死の儀礼とみる。春先にまいて、じっくりと育てれば、夏に実をつけて、刈りとることができるが、夏にまくので、すぐに芽生えるが、暑熱にたえきれず、すぐに枯れるのである。若さの盛りに夭折したアドニスをいたむ儀礼である。

日本でも地方によって綿玉に麦ないし稲の種を植えてつるし、青い穂が玉状にでるのを賞玩するものがあるが、これも実がなるまではいたらない。といって死の儀礼というのも納得はできない。夏まきの種があっというまに育って、しかし花が咲いて実がなるまえに枯れてしまうのを水中に投棄するのは、若い神が成人になるまえに夭折することをあらわしているとするのはもっともと思われる。

といっても、この風習の起源や本当の意味はよくわからない。麦や花を鉢に植えて観賞するならすこしでも長く眺めていたいものだが、土に植えていなければ、いつまでも青々としているわけにもいかず、麦は結実するまでにもいたらない。そこで、しおれかかったときに思い切って水辺へもっていって捨てるのはそれはそれでわからなくはない。海でというのは柳田の考えたように[02]、おさな神が海の神の宮からやってくるのであり、穀霊はまさにちいさ神なのだとすれば、竜宮へ穀霊を送り返すのだとしてもいい。しかし、そのような穀霊の宮としての竜宮の観念がメソポタミアにあったのかどうかとなると疑問ではある。とはいえ、メソポタミアではチグリス・ユーフラテスが生命と豊穣の源とされたのであり、川は海へそそぐのである。

　もうひとつはこの地域では豊穣の女神がおさな神を抱いて川辺にあらわれるという神話的原型があり[03]、おさな神は女神に愛されて、夭折する定めだが、その死が人類をすくう犠牲の死であるとともに、再生して復活する一時的な死であるという神話が発達していた。大女神キュベレに愛されたアティスも同じである。イエスもディオニュソスもオシリスも同じ若い犠牲神であり、みな春に復活して秋には枯れる植物であらわされる神なのである。

　たとえばアティスはアーモンドから生まれた植物神であり、復活は松の木であらわされた。この神話には「去勢」という牧畜文化の技術が投影しているが、農耕文化と牧畜文化の交錯したところから生まれた神話だろう。日本では漁労と農耕が結びつくが、メソポタミア以西では農耕と牧畜の二本立てだった。

　アティスの神話は複雑である。まずゼウスが寝ている間に精をもらした。それが岩山におちて、大地が受胎した。そこで生まれたのがアグディスティスという両性具有の神で、それをおそれた神々がこの神をつかまえて去勢し、切り取った男根を投げ捨てたところからアーモンドの木が育って、実がなり、その実を拾ったサンガリオス川のニンフが懐妊して産みおとしたのがアティスである。そのアティスをキュベレが恋人にした。しかしここには近親相姦のにおいがする。というのは、キュベレはもとはといえば、アグディスティスそのものだからである。両性具有だったアグディスティスは去勢されて女神に生まれ変わった。それがキュベレで、アグディスティスの男根がアーモンドになり、それによってニンフが懐妊したので、アティスはアグディスティスによって生まれたともいえるのである。であればアグディスティス変じたところのキュベレとアティスは親子にあたるともいえる。もっとも神話の世界では母子相姦などめずらしくもない。いずれにしてもアティスは直接にはアーモンドから生まれたのである。

アティスはその後、山野のニンフと恋仲になり、それを憤った女神によって去勢されたとも、あるいはキュベレを祀る祭りの興奮で我を忘れてみずから去勢したともいう。いずれにしても去勢され、あるいは去勢し、それがもとで死んでしまう。去勢も牧畜世界ではごくふつうにおこなわれていて、キュベレ女神の祭司も去勢していた。どこの国でも王室では王妃・女王につかえる廷臣は宦官であることが多かった。キュベレ祭祀では、祭司たちが去勢しているのでアティスも去勢をしたとも、あるいはアティスが去勢をしたので、その後、祭司たちも去勢をするようになったともいわれ、どちらが始めかさだめがたい。アティスはそのとき、血がとまらずに死んだのだが、その血からスミレが生まれたという。しかし女神はアティスを惜しんで復活させる。すくなくとも祭儀においては一日目にアティスの死をいたみ、二日目、あるいは三日目に復活を祝う。そのさい、松の木を切ってきて、それをアティスにみたてて祀るが、常緑の松の生命力をアティスに付与しておさな神の再生をいわう。

松ではなく、挿し木などで再生の容易な樹種のほうがふさわしいようにも思えるが、その地方ではとくに松を生命力の象徴として祀っていたにちがいない。ディオニュソス祭儀でも松が使われる。彼のシンボルは松笠のついた杖なのである。[04]ディオニュソスは山野の豊穣をつかさどる神で、おさな子としても、また老神としても祀られるが、二度殺されて、二度生まれかわった神ともされ、復活神の性格と植物神の性格をもっている。[05]

アドニスも植物から誕生した植物神である。彼が死んだとき、その血からはアネモネが生まれている。彼が生まれたのは没薬の木（ミュラ）からで、美神アプロディテがとりあげた。そのいわれはミュラという名前の女が不義の子を宿し、木に変身したあとで、体内の子が産み月になって生まれたのである。もっとも樹皮がかたく、なかなか生まれずに苦しんだともいうが、これまた、神の子や英雄の出生にともなう奇譚で、母の胎内に三年もいた英雄なども神話ではめずらしくはない。アポロンもなかなか生まれずに母のレトはおおいに苦しんだのである。アドニスの母ミュラは父親とまじわって子をはらんだのである。それを恥じてとも、父親に追われてともいうが、神々に願って木に変えてもらった。つまりアドニスは近親相姦によって懐妊し、直接は樹木から生まれている。生まれてすぐにペルセポネにあずけられ、そのまま冥界で育てられかけたが、ゼウスの仲介で年の半分、あるいは三分の一を冥界、すなわち地下で、残りを地上で過ごすようになった植物霊である。神話ではアドニスが狩りの最中、イノシシに突かれて死んだというだけで、復活は語られないが、祭式では死後、三日目に復活したことになっていて、アティス祭とおなじく一日目は死をいたみ、二日目に復活が告げられ、三日目に復活を祝う。これは時期的に雪解けの時期にあたり、レバノン山からの雪解け水が赤土をおし流してくるのをアドニスの血とみる。雪解け水がくれば、ふもとでは木々に緑がもどって春になる。アドニスの花フクジュソウも咲きほこる。死んだときの血から生まれたアネモネは夏の花である。

アドニスの目覚め（ジョン・ウィリアム・ウォーターハウス画　1899年）

オシリスの芽生え

　アドニスの園と同じような祭式がエジプトでもおこなわれていた。オシリスが弟のセトによって十四の部分に裁断されてばらまかれたのを妻のイシスが拾い集めて、夫のからだを再成し、生命の息をふきこんで再生させたのを祝って、オシリスの像を粘土でつくり、そこに小麦をまいて水をやる。まもなく芽がでて生えそろうと、オシリスの男根も生えてきて隆々とそびえ立つとするのである。イシスが夫のからだの十四に裁断された部分を寄せ集めた時、男根だけはみつからなかった。ナイル川の魚が食べてしまったのである。これはアティス神話などの例でいえば、オシリスの去勢にあたる。あるいは男根をのみこんだ魚が人魚を産み落としてもいいが、神話はそれについては語らない。男根が見つからなかったので、イシスが粘土をこねて男根をつくり、死体に植え付け、息をふきこんだのである。「オシリスの芽生え」ではそれがたくましくそびえ立つ。あるいはイシスがハヤブサの姿になってその上を飛び、翼をふって男根をゆり動かす。それが十分に勃起したときに、イシスは本来の姿をとり戻し、オシリスの復活したからだのうえにおおいかぶさり、ホルスを受胎する。粘土の男根に授精能力があるのかと思うかもしれないが、精子をつくるのは陰嚢で、男根はそれを女性の子宮におくりこむつぎ口の役目しかしない。粘土でもいいのである。

　このホルスがセトと戦ってラーにかわるあらたな太陽神になる。ホルスは最初からセトを圧倒していたわけではない。最初は子供扱いをされる。一時はセトに鶏姦によって犯される。しかしその復讐に彼はレタスに彼の精液をかけてセトに食べさせる。裁判でホルスの精液を呼び出すと、セトの体内で返事をする。

　オシリスはディオニュソスに相当するといわれる。[8] ディオニュソスが二度死んで二度復活しているなら、オシリスも二度死んで二度復活している。一度目はセトにはかられて、からだにぴったりあった棺桶に閉じ込められてナイルに流された。イシスがさがしにいって、ビュブロスに流れついて岸辺のギョリュウの木にのみこまれて、そのまま王宮の柱にされていたのをもらってきて蘇生させたのである。蘇生させてから、しばらくナイルのデルタのパピルスのあいだに隠していた。息は吹き返したが、まだかつてのような力は戻っていなかった。それをセトがみつけてさらってゆき、今度は二度と生き返らないように十四に切り刻んだ。それをイシスが拾い集めて復活させたので、二度死んで二度生き返ったのである。生き返ったが、オシリスは地上には戻らず、地下世界の支配者になった。

　オシリスの場合はたしかに再生した。生えそろった麦穂のなかから、よみがえった男根が屹立する絵が描かれる（下図）。とくに豊穣機能、男性機能の回復が象徴されるのである。しかしオシリスはイシスによって蘇生させられても、地上の王ではなく、地下の死者の国の王になるのである。彼は冥界の王として、死者の魂の計量にたちあう。それは幽《かく》れ世の神となったオオクニヌシにも比較しうる形である。アドニスでもじっさいには再生はしない。アプロディテであっても、死んだ者をよみがえらせることはできないのである。死者をよみがえらせるのはイシスだけである。そのイシスもオシリスを地上に迎えることはできなかった。麦穂を全身につけた「芽生えのオシリス」は地中に埋められる。早熟のはてにはやばやと枯死するアドニスの園は水中へ捨てられる。土中、水中、海中は再生の祈願においてはどれもおなじようにもみえるが、土中なら、生え育った麦穂も成長をつづけるだろう。水中であれば、くさって死ぬだろう。海中でもそれはおなじだが、万物が海から生まれたという思想の筋からすれば水中も海中もおなじようでありながら、海中のほうがより確実な再生が期待できるかもしれない。そこからは「ちいさ子」が寄りくるかもしれないのである。

　「アドニスの園」は夭折したおさな神のかたしろである。

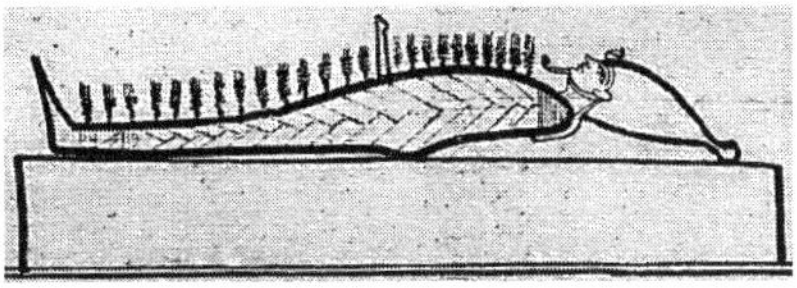

オシリスの再生（ジュミラック・パピルスより　ルーヴル美術館）

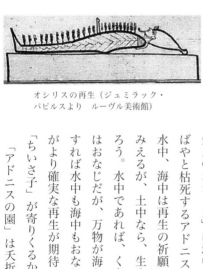

それを海へ投ずることは、やがておさな神が海からよみがえってくることを期待している。海から寄りくる神はたとえばディオニュソスだ[07]。アドニスだって海のかなたからくるのかもしれない。

ディオニュソスもオシリスとおなじように八つ裂きにされて、彼の場合は焼いて、煮て、巨人たちに食べられた。そのばらばら死体からゼウスが心臓を拾ってのみこみ、セメレーを抱いて懐胎させた。のみこんだ心臓がセメレーの胎内にうつされたのだ。ディオニュソスは海からくる神とされる。アドニスもアドニスの園を海へなげれば、やがて海からよみがえってやってくるかもしれない。

オシリスが穀霊であるなら、アドニスは植物霊で、アティスは松の木によって再生する。ディオニュソスはブドウだが、山野のみのり全般にかかわるという。また、松笠をつけた杖をもつ。その再生のかたちはそれぞれだが、殺されて、よみがえるのは共通している。アティスの再生のしかたはよくわからないが、松の木の幹を切って祀るようである。彼はそもそもアーモンドの木から生まれている。アーモンドを懐へ入れたニンフから生まれたのである。アドニスは没薬《もつやく》の木から生まれる。母親のミュラが没薬の木に変身し、アドニスはその木のなかで成長したのだ。ディオニュソスの誕生には植物性はみられないようだが、八つ裂きにされた体の細片から心臓をとりだして、そこから再生させたというのは、からだの部分からの再生であり、たとえばイモを細片にわけて地中に埋めるとそれぞれの細片から芋のつるが伸びるのとおなじである。動物であれば八つ裂きにしてその細片を土に埋めても再生はしないが、植物なら、細片でも再生するものがあるのである。あるいは種からの再生でもいい。心臓を種とみなせば、それがゼウスの胎内で精子になって、セメレーの胎内へうつされたのだ。昔話やインド神話などでは連続的変身のひと

松笠のついた杖をもつディオニュソス（前5世紀　ベルリン美術館）

つで、なにかの細片をのみこむと、再生、あるいは転生する。すべて植物再生のイメージである。

再生がナイルのほとりのパピルスのあいだでおこなわれるのは、洪水によってもたらされた肥沃な泥土から一斉に植物が芽を出すことを思わせる。アドニスやアティスの再生がおこなわれたアナトリアの山中では深い森林がひろがっていた。森の中から生命がよみがえってくる。生命は原初の森、あるいは原初の海から生まれてきた。エジプトの創造神話では混沌の海にベンベンという島が生まれ、そのうえで最初の神が創造の技をおこなった。あるいは蓮の花が咲いてその中から最初の神があらわれたともいう。オリエントでも生命の誕生は海、そのあたりでは地中海かマルマラ海だった。あるいはチグリス・ユーフラテスの岸辺だったろう。海か川か森か、あるいは小麦であれば草原であったかもしれない。これは海にとりまかれた島か、森林におおわれた大陸か、地理的条件で異なってくるかもしれないが、ポリネシアではヤシの木をひきぬいたあとに泉がわきだし、その水の中に魚たちが生まれてくると語ったりする。誕生には水が必要なのである。水に流れてきた桃太郎もおなじことである。

泉あるいは海に投げられたアドニスの園は、いずれ水界からおさな神が復活してくることを期待させるのである。そこに桃太郎の誕生をあわせて考えれば、これは一連の神話の前半と後半と考えてもいい。アドニスの園の神話では海へ投げられたあとの物語が隠されている。桃太郎では水からの誕生の前の物語が省略されているのである。

桃太郎ももちろん植物からの誕生である。柳田はこれを「海神小童」の話のなかで竜宮子犬などとおなじく、竜宮からこの世にもたらされるちいさ神とする。桃太郎は川から流れてきたのか、海から寄りついたのか、誕生以前までさかのぼらないとわからない。しかし、これはどちらでもおなじことで、川の源流の山のなかにも竜宮はあるのである。世界の水界を支配する竜宮は、そこで生まれたおさな神を小さな小舟に乗せて岸へ運ぶこともあれば、イルカや鰐や鮭の背にのせて運ぶこともあり、あるいは桃の実にいれて川上から流すこともある。

桃の実からの誕生は、そのまえに桃の実を食べた女が桃の実を生んだとしてもいいし、桃の実を食べた女から男の子が生まれ、その子供が箱にいれられて流されたのでもいいのである。サンガリオス川のニンフがアーモンドを拾ってふところへいれてアティスが生まれたのと、桃から生まれた桃太郎の誕生はおなじといってもいいだろう。そもそもニンフはアーモンドないし桃かアンズを食べたのでもいい。あるいはその実が川から流れてきたのを拾って膝の上においたのでもいい。アーモンドと桃、アンズは近縁種で入れ替え可能だろう。食べたのでも、膝の上にのせたのでも、膣へつっこんだのでも、あるいはそれを食べた男と性交をして、「たね」を受胎したのでもおなじなのである。問題はそれが植物の「たね」であったことで、種が地中におちて翌年芽生える植物のサイクルに神話のなかの母性的存在がかかわって、桃を拾ったり、アーモンドをふところへいれたり、種をのみこんだりするのである。そしてその果実、あるいは子供のはいった箱が流れつくのは谷川のほとりであれ、海辺であれどちらでもいい。いずれにしても竜宮童子が地上へ植物の死と再生のサイクルをとおってやってくる（この神話は昔話の項でもういちど、すこし視点をかえて考える）。

石田英一郎はおさな子を抱いた母神が川のほとりにあらわれるという。ヨーロッパの森では泉のほとりに妖精があらわれて歌をうたう。あるいは森の池で水浴をする。それが白鳥であれば、日本にも飛んできて、余呉《よご》の海で水浴びをする。水辺にあらわれるのは母神でも妖精でも白鳥でもいいのである。裸で水浴びをしていても、着衣のまま歌をうたっていてもどちらでもいい。いずれ裸になって主人公の腕に抱かれるのである。

川べりでは箱にいれて流された子も漂着する。桃太郎も「流され子」である。ランクによると英雄は異常出生をするのがつねで、ふつうに生まれた場合、箱にいれて流される。そこで拾われて、箱をあけられるのが二度目の誕生になる[08]。オシリスの場合は、セトに棺桶につめられて流された。新生児がゆりかごで流されるのと同じだ。棺桶はビュブロスの町に漂着し、岸に生えていたギョリュウの木につつみこまれた。その木は切られて王宮の柱に使われた。イシスがそれを発見してもらいうけてくる。柱を切り開き、棺桶をあけて二度目の誕生をさせたのである。彼はこの二度目の誕生においてはギョリュウの木から生まれたことになる。

　アドニスはミュラの木から生まれた。その美しさをみたアプロディテは、彼を小箱にいれ、ペルセポネにあずけた。箱にいれて流されたのである。アティスは生まれてから川のほとりで母に捨てられた。桃太郎は桃にはいって生まれたために、あるいはその出生を秘密にしなければならないために、川に流された。桃という器にはいって流されたのである。桃はふっくらとした尻を思わせ、二つに切れば、種の断面図は女性器を思わせる。桃からの誕生は樹木からの誕生とも、桃にた女性器からの誕生とも考えられる。が、アティスが間接的に、アドニスが直接的に樹木から生まれることをみれば、どちらでもひろく植物的出生をすると言える。そして、川に流される。

　オシリスは彼を象徴するジェド柱がしめしているようにエジプトイチジクと関係しているとブロスは『世界樹木神話』で言っている。

　神は樹木に宿るのである。その果実からおさな神が生まれる。オーディンも木に十日間ぶら下がっていた。人間果実だったのである。

スサノオの尻の毛

森林にはいるとさわやかな香りがする。樹木はいろいろな芳香をだす。フィトンチッドといって細菌を殺す成分をだす樹木もある。楠《クスノキ》の樹液は防虫剤になる。檜《ヒノキ》はフィトンチッドを多量にだすという。揮発性の芳香にそれが含まれている。ただし、ものによっては精液のにおいのする木だの、銀杏のように人糞のにおいを強烈に発する実をつける木もある。果物の王様というドリアンもそれに近い。スサノオが尻の毛をぬいて植えた木はさしずめそのたぐいではないかと思うが、これは槇《マキ》だという。槇であればとくに悪臭はないが、あるいは「まき」といって槇ではない別種かもしれない。

なにしろ古語では「あさがお」といって槿《ムクゲ》のことだなどというのである。このとき植えたのはほかには杉、檜、樟で、樟は樟脳の木で、檜は芳香がある。槇は日本原産だが、この神話の続きでは、スサノオの子のイタケルが新羅から樹木の種をもってきて日本に植えたというので、ここで植えたのが、それまで日本で知られていなかった中国や朝鮮原産の樹木だと面白い。しかし樟が南中国に自生する以外はほとんど日本原生種で、このほかにサワラ、アスナロなど日本林業を代表する種は日本原産である。なお、杉や檜や樟になったのは眉、胸毛、腋毛、それに「尻の毛」で、髭、陰毛が欠けている。サワラ、アスナロをいれればそれになるかもしれない。いっぽう中国からきたものは桃、梨、蜜柑、無花果で、柿は在来種のようである。桜、藤は在来種である。

根の国の王スサノオはまちがいなしに植物神である。根をどう解釈してもいいが、根が根であることはまちがいがない。樹木の根なのである。スサノオは木の国から根の国へおりてゆく。それはオオナムチが根の国へいったコースでもある。別伝ではスサノオは新羅のソシモリの峰におりてから埴の船をつくって日本にやってきて鳥髪山に鎮座し、鬚髯から杉、胸毛から檜、尻毛から槇と榧《かや》、眉毛から楠などをつくり、二柱の妹神（大屋津姫命《オオヤツヒメ》と抓津姫命《ツマツヒメ》）」

とともに植えた。そしてそれぞれ、造船材、棺桶の木、家屋の材などと指定した。さらに一緒にきた息子のイタケルがそのほかの樹種を日本の山やまに植えていった。

　すなわち彼は植林の神であり、また農耕神でもあった。オオナムチに試練を課したときは、最後に野焼きの炎に彼をつつんだ。野焼きは水田以前の農耕の基礎作業であり、そのあとに種もみなどをまくのである。彼が高天原で乱暴狼藉をしたというのも、アマテラスの畑で畔《あぜ》を壊したり、頻蒔《しきまき》をしたり、糞をあちこちにばらまいたりというのだが、まずこれは畑に関することで、宮殿をぶち壊したとか、宮女どもを凌辱したなどというのではなく、なんといっても農耕に関する「乱暴」である。さらにその「乱暴」だが、「頻蒔」すなわち二重に種をまくこと、あるいはすでに種をまいてある畑にさらに別なものをまいたというのは、はたして「乱暴」になるのかどうか疑問だろう。スサノオはスサノオの考えで種をまいたにちがいない。それがたまたまアマテラスのやりかたとはちがっていたというだけではないだろうか。畔を放ったというのも、なにをまくかにもよって異なってくるにちがいない。水田で水稲耕作をする場合と、焼き畑をする場合ではちがって、水田でなければ畔はいらない。あるいは邪魔である。麦であれば水抜きをして乾燥させる必要がある。根の国でスサノオがした野焼きにしても、ただの野焼きではなく、焼き畑のための野焼きのようで、彼の畑は焼き畑だったと思われる。焼き畑文化民がやってきて水稲耕作の田を壊し、自分たちの種をまき、肥料として糞をまきちらした。やりかたはあまり上品ではないが、彼なりの農耕をしたのではなかったろうか。スサノオを森林と焼き畑の神とみれば、すべて納得がゆくのである。

　そしてもちろん彼は根の国の神である。その根の国について文学者はつぎのような想像をした。

　「檜谷の隅にある大桜と椎のだきあった巨木の根かとも思われる。箒をさかさまにしたような根が天井か

尻の毛が槇になったスサノオはこのような巨人だった（フランシスコ・デ・ゴヤ画　1818年）

らひとつぶらさがっていて、こまかい、無数の根に、里いもでもぶら下がったかと思われるように、虫とも、何かの幼虫とも形容しがたいうごくものがみえた。よく目をすえていると、それらは、みな人間であることがわかった。底知れぬ、深い深い地の底の国でしずかに根をはっている巨木の下に、人間はしがみついていた」（水上勉『凩』）。

なお、比較神話学ではスサノオはヘラクレスに比較される。

カーク『ギリシア神話の本質』によれば、「ヘラクレスがこの地域には樹影がないことに気づき、ヒュペルボレオイ人の国から樹木を持ち帰ってそこ（オリュンピア競技場周辺）に植えた」という。ヘラクレスはこん棒をもち、獅子の毛皮を頭からかぶった様子といい、未開の辺境で活躍する野人という趣が顕著である。未開の地、すなわちsauvageとは森林地帯をさす。彼もまたスサノオとおなじく森林の神であったかもしれない。なお、冥界へ行った英雄としては、根の国の王と性格を共通する。

木の股・女神の股

日本ではオオクニヌシの最初の妻ヤカミヒメが生まれた子をオオクニヌシのところへつれてくるが、すでに正妻としてスサノオの娘スセリヒメがいることを知って、子供を木の股にはさんで帰ってゆく。そのオオクニヌシも木の股か、ふたつに裂いた木のあいだかにはさまれて死ぬが[69]、母親がきて、そこから引きだしてくれて生き返る。これも樹の股から生まれているのである。木の股で子を産む話は鍛冶屋の婆の系統の話であり、旅の女が峠にさしかかったところでにわかに産気づき、峠の杉の木が途中で枝分かれしているところへ登って子を産んだという。すると狼たちが血のにおいをかいで集まってくる。しかしもうすこしで届かない高みなので、狼たちが鍛冶屋の婆を呼んでこいといい、ほどなくして大狼がやってくる。狼たちが肩車をして狼梯子をつくり、それを上って大狼が産婦におそいかかる。

それを一緒にいた侍が刀で防戦する。狼は前足を切られてぎゃっといって落ちる。ほかの狼も一散に逃げてゆく。下へおりてみると切り取った前足は人の腕になっている。翌朝、ふもとへおりて鍛冶屋をさがしてゆくと、婆様は夕べころんでけがをしたという。そこへいって切り取った腕をみせて、これはおまえのかというと、おれのだといって、それをうばって、鬼になって逃げてゆく。鬼がほんものの婆様を食い殺して婆様になりかわっていた。狼たちが呼びにくれば大狼になって助太刀にいっていた。旅の女はまさにその危険を予測して木の股のところに登って子を産んだのだろうが、木の股から子供が生まれるという想像が話のもとにあったと思われる。

　西洋では子供はキャベツ畑で生まれるという話もあり、幼い子が子供はどこから生まれるのかときくと、キャベツ畑で拾ってきたと答えることになっている。日本や中国では竹の節のなかから生まれるのがかぐや姫あるいは夜郎国の王子だが、これも植物誕生の話だろう。夜郎国の話では竹が川を流れてくる。桃太郎と同じである。

　始祖誕生の話としては獣祖、卵生、感精のほかに植物誕生をあげるべきで、桃、瓜、竹は、水を流れてくる。キャベツであれば、畑にはえている。蕪から子が生まれた話も今昔物語にあり、蕪に穴をあけて、そこにマラをさしこんで精をもらしたというのは、なぜ蕪なのかわからないが、畑にはえたもので、その形が女性的なものということかもしれず、これも植物性出生なのである。そして木の股に生まれる話もそこにいれるべきだろう。もうひとつは蓮の花から生まれたというのがエジプトの創造者で、インドでもあるし、日本でもありそうである。あるいはハイヌウェレ神話も、女神を殺したらというところの前のところは、ヤシの花から娘が生まれたのである。ポリネシアではヤシの実から人間が生まれたという話もある。そしてもちろん「スキタイの子羊」のよ

中世には存在が信じられていたタタール地方の植物羊（ジョン・マンデヴィル『旅行記』1725年）

うに羊や人間がなる木の想像があるし、「三つのオレンジ」ではオレンジやシトロンから娘が生まれる。あるいはアティスがアーモンドをふところへいれた女から生まれ、中国では鳥がくわえてきた種をのみこんだ女から子供が生まれる。

　孫悟空のような岩からの誕生もあるが、英雄誕生の要件である異常出生のひとつに、ありえないものからの誕生があり、しかし岩を生んでそれを割ったら子供がでてきたというのもある。また、普通の子供として生まれてきたものの、わけあってそれを箱にいれて流した場合は桃太郎、瓜子姫、竹王子と同じ、空洞の入れ物にはいって流れてくる話のもとは果実や竹の節なのだとすれば植物誕生である。

　あるいはこれはイランの伝説で王女の陰部からブドウの木が生えて、世界をおおうまでにいたったというのもブドウの木に子供がなるのにちがいがない。その夢のヴァリアントが夢中放尿で、世界を大洪水にする夢と関連しているので、これは桃にはいった子供が川を流れてくるのと同じになる。陰部からはえたブドウになった子供が川に落ちて流れる。その川は母親の陰部から流れでる川である。であれば、桃太郎も川べりにはえていた桃の木から実が落ちたのだが、その川はみなもとをさぐれば、神話的母性の股のあいだから流れでているのにちがいない。これはたとえばハマグリ女房の料理のひみつで、鍋にまたがって放尿していたのだが、鍋ではなく、川上で放尿すれば神話なら大川になる。愛知の大県神社では豊年祭に大ハマグリがでて、隣の田県神社の大男根とやりあうが、ハマグリはもちろん女陰であり、浜辺でハマグリが水をふきだすと、それを放尿であるとみなし、そこから竜宮のまぼろしが出現するともいう。貝の女神、キサカイヒメが加賀の潜戸で流れてきた金の矢を拾って洞穴に射通すと佐田大神が生まれる。英雄誕生のみなもとに貝の女神がいる。洞穴からは川が流れている。そこに金の矢が流れたが、あるいは桃が流れてもいい。川は貝女神の股間から流れている。その源の女神と、矢を拾う女神が同じだというのが神話のアナクロニズムで、日常論理では矛盾することが神話では簡単に実現する。神話空間には不可能もタブーもない。

金の矢はほかの伝承では朱塗りの矢となっていて、男根であるとされる。それを拾って床の間においておくと立派な男になって、女とまぐわいをする。しかし竹の節が流れてきた話では女の足のあいだにからみつくようにしていて、それを拾ったら、そこから立派な赤ん坊がでてくる。[12]つまり川と竹とがあって水の中に胎児をいれた中空の容器が浮かんでいるという構図でみれば、これは子宮で、胎児が羊水に浮かんでいるのである。竹がたとえばインドのアプサラスのウルワシ神話のように、男根をあらわすなら(王は天女を毎日竹の棒でつつかなければならない)[13] 川で遊んでいた女に男根がつきたって子供をはらませたことになる。流れてきたものが矢なら、矢は男根をもった男になるか、そのままで女をはらませるかどちらかである。桃や箱にはいった嬰児なら、性交はすでにすんで、子供ができているので、子供は女の股間から破水の水とともに流れてくる。箱に入ったのではなく、胞衣《えな》をかぶった子供の場合もあり、「つつまれた」子供だが、その場合も「流された子供」にはちがいない。竹も桃もおなじかというとそうでもなかったようで、竹は矢とおなじく川遊びをしている娘をついて妊娠させる場合もある。桃は胞衣に包まれた子供や、箱にいれられた子供と同じですでに出生していて、流されてくる。川は羊水でもいいし、性水でも、あるいは尿でもいい。古代人はあまりそれらを区別しない。いずれも川上の山のあいだから流れてくる。そこには山そのものであるおおいなる女神がいる。川は女神の股間から流れてくる。

つまり矢と桃はちがうともいえるが、いずれも英雄の異常出生にかかわるドラマの誕生前と誕生後であればおなじ物語の前と後というだけである。その物語がつむがれるトポスは川のほとりが多いが、これは竜宮の竜王がとりしきる水界の一部なのか、それとも山から流れてくる川で、山の女神の股間から流れてくるものか、あるいは龍神の変化ではあっても降雨が山肌にしみこんで谷川にわきだしてくるものかということになる。流れてきたものが桃で、水上には桃の木が生えているというなら、山の植物世界をうるおす水が桃の木にも灌漑をしていま谷川に流れてきたものとなるだろう。竜宮の支配する海水では桃は育たない。その水がキサカイヒメのような貝の女神の胎内からでてくるものであるなら、そしてその女神が山間の水口にいるなら、竜宮の想像と山の女神とがあわさるかもしれない。天からふってきた雨が地中に潜んで、植物をうるおしたあとで、谷川に流れてくる場合は、その先は大海へそそぎこむのであり[14]、その全体を竜の変態のコースとするなら竜宮も山の女神もひとつになる。いずれにしても植物界がおくりだす英雄の誕生である。天から雨がふり地中にしみこむ。樹木がそれを吸いあげ、葉をひろげ、果実をみのらせる。果実のなかには竜種の子供がいる。生まれたらすぐに水をやらなければならない「三つのオレンジ」の天女は水をたえず吸って成長し果実を結実させる果樹の生理をあらわしている。

父親との交わりで子をはらんだミュラは没薬《もつやく》の木になった。これは没薬が樹液として循環している木で、幹に傷をつければそこから没薬がしたたってくる。アドニスが生まれたときも樹液が一緒に噴出しているだろう。川のなかから生まれた桃太郎とおなじような状況である。

ユグドラシル

樹木の神話といえばこれを忘れるわけにはいかない。誰でも知っている北欧の世界樹だが、北欧にユグドラシルという世界樹があるということを盾に、世界中のあらゆる地域の樹木信仰、あるいはメイポールのようなもの[15]、諏訪の御柱のようなものまで「世界樹」として、なにかがわかったように思うことがあるが、実はユグドラシルがどんなものなのかわかっている人は少ない。それが世界全体だというなら、世界山である須弥山とおなじであってもいいが、こちらもじつは具体的にどんな構造になっているのかわからない。世界樹、宇宙樹、世界山など、観念だけひとり立ちして、実態がともなわないのである。どこかに見事な巨木があり、それを人びとが信仰していると、世界樹だという。ユグドラシルはそういうものではない。ゲルマン世界ではイルミンスルという柱の信仰があった。ユグドラシルは起源的にはおそらくそれと関係があるのだろうが、イルミンスルは信仰の対象であって、とくに神話は形成されていないし、神々の住まいがそこにあるわけでもない。中央アジアや北アジアのシャーマニズムの世界では地中に伸びているさかさまの木が想像され、世界樹とされるが、シャーマンに「世界樹」というような観念があるわけではない。学者が勝手に世界樹としているのである。地上には柱しかでていないが、その根が深く、地球の中心まで達しているという、あるいは、根ではなく枝や葉なのだが、それが地中に伸びているともいうのである。日本でも心の御柱などというものがあり、また鹿島神宮の要石は深く大地の中心まで達しているともいう。そういった「柱」の信仰は各地に見られるが、すくなくとも神話としてのユグドラシルはそれらとはあきらかに異なっていて、柱ではなく、階層構造の集合住宅のようなものだが、樹木としても、ものとしてもどこにも存在していないものである。

樹木は大地と空をむすぶものである。木を登って天に達する話もある。しかしユグドラシルの世界では「天」はあいまいで、神々の住まいということなら、ユグドラシルの中くらいのところに位置しているアスガルドがそれである。そこに住んでいる神々は木をよじ登ってそこより高いところにある天へいこうなどとは思わない。アスガルドがかれらの住処であり、ユグドラシルの一部であるとともに「天」なのである。地獄のほうは根のほうにあるが、神々

ユグドラシル（バーゲ『スノリのエッダ』英訳本の挿絵　1847 年）

の住まいは天空にはない。ほかに巨人族の住まいであるヨートンヘイムというところがあるが、これがどのあたりになるかあいまいである。これもユグドラシルの一部のはずなのだが、アスガルドと上下の関係にあるのか、水平の関係なのかはっきりしないのである。アスガルドからほかの世界へゆくときは虹の橋をゆくのだが、ヨートンヘイムへは虹の橋ではいけないようで、アスガルドから遠望した地の果てにあるようにも思われる。大事なのは人間たちの住まいで、これは、根のほうのミッドガルドがそうだというのだが、これもはっきりしない。神話は神々の物語で人間たちは登場しないからだ。これらの世界は樹木という垂直の構造のあちこちに配置するより、水平の世界で東西南北に配置するほうがわかりやすいかもしれない。大木のゆったりとひろがった枝の下にいくつかの世界がある。そこではあまり高低は意識されないのである。そしてたとえばギンヌンガガップ[16]という世界は北の端にあるとされる。高さの意識ではこの木のてっぺんに鷲が止まっていることになっているが、この鷲には神話での役割はない。世界をとびまわって情報を集めてくるのはオーディンの肩にとまったフギンとムニンというカラスである。ユグドラシル内で上下の上り下りをして情報伝達につとめるのはラタトスクというリスだが、これも神話では活躍しない。アスガルドの外側には魔の領域ウトガルズがひろがっているなどというと、ユグドラシルの構造がますますわからなくなる。人間たちの世界ミッドガルドも名称からすれば木のなかごろにありそうだが、そのまわりにはウミヘビのヨルムンガントがとりまいている。つまりミッドガルドの周囲は海であるとすると、その下は海底ということになり、ユグドラシルは海底から生えている木ということになるが、そんなふうにいうとスカンディナヴィアの人はびっくりするにちがいない。簡単に言えば、天に近いところにアスガルドがあり、地下にヘル、地上がミッドガルドで、北の果てにギンヌンガガップがあり、東の果てにはヨートゥンヘイム、南の果てには炎の国のムスペルヘイムといった構造とみられる。かならずしも樹木である必要はないのである。ましてや柱ではない。アスガルドの上方に戦場で倒れた戦士たちの館ヴァルハラがあり、その屋根の上にヤギがいてユグドラシルの葉を食べているというのがどうやら樹木世界らしいところだが、それ以外にはあまり樹木らしいところはない（樹種としてはトネリコとされる）。

　これらのほかにアイフヘイムがエルフの国、スヴァルトアイフヘイムが黒いエルフの国、ヴァナヘイムがヴァン神族の国、そして霧の国ニフルヘイムがあるが、これらをユグドラシルの上に配置することはむずかしい。この木の名前はオーディンの馬という意味で、オーディンがこの木の枝に十日間つるされていたことからきているという。十日間つるされるというのはルーン文字の秘密をしるために課された試練だった。

　ユグドラシルの上下、あるいは根と樹幹との関係ではブロスが明快な答えをあたえている。彼によれば三つの根がそれぞれ、アスガルド、巨人の領域、人間の領域を地表に出現させる。それぞれの根から泉がわきだしており、いずれも番人がいて、神々といえどもそれを自由に飲むことはできない。そのひとつがミミールの知恵の泉である。

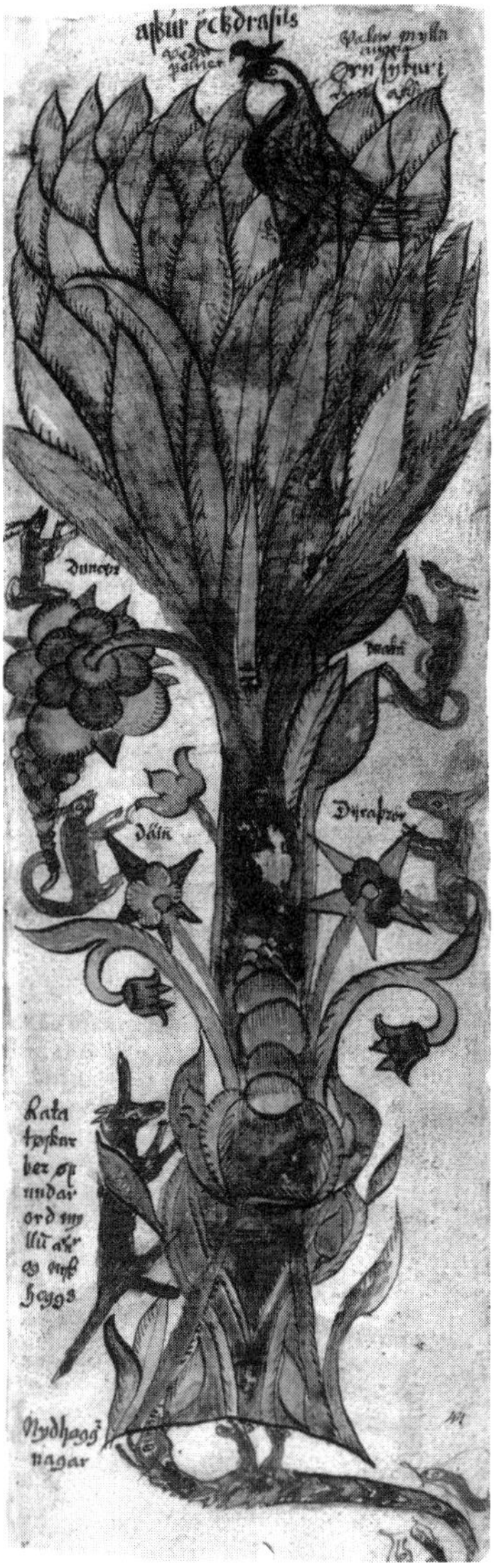

17世紀アイスランドの写本に描かれたユグドラシル（アイスランド、アウルトニ・マグヌッソン研究所）

常若のリンゴ

果物から娘がでるにしても、種をのみこんだら子供が生まれたにしろ、あるいは特定の果物に特定の効能があって、一般にいわれるように、桃太郎とは回春の特効成分をもつ桃を食べて若返った爺婆の子供だなどという俗説にしたがうにしろ、リンゴはあきらかに若さのもとであり、常春の島に生えていて、それを食べれば、孫悟空がぬすんだ天の桃のように何百年も生きるかもしれない。まず若さのもととしては北欧の女神イドゥンが管理しているリンゴの木があり、神話ではそれを巨人に奪われ、それを取り戻すまで、神々が不老不死の特権を喪失して、おおいに困ったという話がある。毎日このリンゴを食べて永遠の若さをたもっていたのが、食べられなくなったというなら玉手箱をあけた浦島のような状況におちいったかと思われるが、神話は具体的にどんな被害がでたかは語らない。その後の様子をみると、リンゴの木を取り戻したあとは、まえとおなじように女神たちは若く、美しく、そして多淫で、リンゴの木がなかったあいだに老いぼれてしまった神はいないようである。アーサー王物語で語られる常春の国アヴァロンにはリンゴの木が生えている。その実を食べれば不死になるのであればアヴァロンへ行って死の床についたアーサーも死ななかったかもしれない。ギリシャ神話ではヘスペリデスの園に生えているリンゴの実は黄金で、これをとってきて三

ヘスペリデスの園で争いのリンゴを選ぶいさかいの女神（ウィリアム・ターナー画　1806年頃　ロンドン、テート）

人の女神のあいだに投げたのは「いさかいの女神」だというが、別にリンゴを三人でとりあったのではなかったようで、パリスがリンゴをあずかり、一番美しい女神に渡せばよかった。アタランテと求婚者の競走で、ヒッポメネスが投げたリンゴもこのヘスペリデスのリンゴの同類だったようで、さして物欲のあるようにもみえないアタランテがそれを追いかけて、競走に負けたのは、やはりどうしてもそれをほしがって、競走に負けることがわかっていてもどうにもならなかったからだろう。とすれば、これはただのリンゴではなく、魔法のリンゴである。

ヨーロッパの民間伝承ではリンゴの皮をちぎれないようにむいて、地面に置いた時にできる文字をもって恋占いをする。aの形になればアーサー、bであればボブ、cだったらシャルル(チャールズ)、dならダヴィッドなどである。

これはオレンジでも、梨でもできるが、スイカだのメロンだのではむずかしい。木になる果物としては、キウイなどは最近のもので、むかしはほかに桃、アンズ、プラムくらいしかなかった。それよりもヨーロッパの民衆がこのんで食べていたのはキイチゴであり、ブルーベリーであり、ミルチルなどというちいさな木の実で、あるいは栗、クルミ、ヘーゼルナッツなどだった。堅果としてもマカダミアとか、ピスタチオは外来種であろう。

昔話では黄金のリンゴ、おどるリンゴ、歌うリンゴなどをとってくる話もある。金の鳥の場合、リンゴを食べるのは金の鳥あるいは火の鳥である。その金の鳥をとってくる話の場合、金の森、銀の森、銅の森をとおりすぎる。鳥と木は木の実を媒介にして接続する。

木の実は花から続いてくる。フランスの昔話「バラの町」は「妻の貞操」のひとつだが、バラの町の美しい城のあるじとなった青年が妻の貞操について賭《か》けをする。相手は箱にはいって青年の妻の寝室にしのびこみ、女の裸をぬすみ見る。とりわけ乳房が金のナシと金のブドウであることを証拠に勝ちを宣言する。女は小船に乗せられて流されるが、近くの島につき、そこに生えている不思議なリンゴをとって町に帰り、王の病気を治す。バラの町というからにはバラが咲きほこっているのだろう。その対岸には病気を治す元気のでるリンゴがなっている。リンゴもバラ科であることはこのさい問題にする必要はない。花の町と果物の町がむかいあっているのである。そして女には金のナシの乳房と金のブドウの乳房がある。ナシのほうはわからなくもないが、ブドウの乳房というのは奇妙である。しかし、不思議なリンゴをもって王の病気を治す女が果物の精のような姿あるいは性格をもっているのは不思議ではない。豊穣の器コルヌ・コピアからブドウやナシがあふれている様子を想像してもいい。胸にたくさんの果実のような乳房がいくつもついている豊穣の女神がいる。それをイチジクともブドウの房ともみることができる。若返りのリンゴをもっているのはイドゥンである。

イドウンは詩の神ブラギの妻で、リンゴの木を管理している。このリンゴを毎日食べて北欧の神々は永遠の若さをたもっている。ところがそのイドゥンを巨人のシアージが掠ってゆくという出来事がおこった。そのためにアスガルドの神々は若返りのリンゴを食べられなくなって、しわだらけのよぼよぼ老人になりかねなくなった。ことのおこりはロキである。あるときオーディンとロキとネニールが旅に出て、たまたま牛の群れをみつけそのなかの一頭を殺して肉を焼きだしたが、いつまでたっても焼きあがらない。どうしたことかと思っているとかれらの頭上の樫の木の梢から声が聞こえてきた。それは一羽の鷲で、自分に肉を食べさせてくれるならちょうどころ合いに焼けるようにしてやろうという。それがシアージだった。オーディン一行が承知するとまもなく肉は程よく焼きあがった。ところが鷲がその肉のほとんど全部をもっていってしまったので、ロキが怒って、棒で叩いたところ、棒も、それを持っていたロキも鷲にくっついてそのまま上空高くつれさられてしまった。ロキがあわてて、たすけてくれと叫ぶと、イドゥンとリンゴを渡してくれるなら許してやろうということになる。取引を承知したロキは仲間のかたわらに戻してもらい、そののち、アスガルドに戻って、イドゥンを言葉たくみに森にさそいだし、まっていた鷲にひきわたす。鷲は彼女とリンゴを掠ってゆく。

ここで不思議なのはイドゥンが掠われたのはいいが、リンゴも同時に掠われたことである。誘拐劇が進行した森の中にはリンゴの木はついていってはいないはずである。といってアスガルドに戻ってきてリンゴの木を掘り出して持っていこうとすれば、アスガルドの神々が黙ってはいない。ここはリンゴの生育と結実に力をもっているイドゥンを掠っていけば、少なくともアスガルドではもうリンゴが実らなくなるということに違いない。しかしイドゥンを掠っていったシアージの方はそれではリンゴは手に入った

イドゥン（アーサー・ラッカム画　1910 年）

のかどうか不明で、このシアージという巨人は若い女神のイドゥンさえ手に入ればよかったのではないかと思われる。

アスガルドではリンゴを食べられなくなって困った神々がロキをつかまえて、おまえのせいだからなんとかしろという。こちらではイドゥン自体よりリンゴのほうが大事だったようだ。ロキは神々に責められてしかたなしにハヤブサになって巨人たちの国ヨートンヘイムへゆき、イドゥンをみつけ、彼女をクルミに変えて、アスガルドへ連れ戻す。しかしシアージがそれをみつけて鷲になっておいかける。アスガルドではそれをみて盛大なたき火をして、おいかけてきたシアージを焼き殺す。

これで一件落着かとおもうとそうではなく、シアージが女神スカジの父親だったためにひと悶着がおこる。どうもアスガルドの神々は木をみて山を見ずのたぐいで、小事にこだわって大事をとり逃がす傾向があるようである。イドゥン奪還でもシアージ殺戮をひきおこしたのは失敗だろう。こっそりイドゥンを連れ戻せばよかったのである。あるいはそもそもの発端でも鷲が牛の肉の大部分を要求して

もそれくらいのことでさわぐことはなかったのだ。鷲は両方の腿と肩をもっていったというが、胴がのこっていれば背中のフィレ肉と、脇腹のアントルコートが残される。三人の食料としてはそれで充分すぎるはずで、鷲には腿と肩をやればよかったのだ。わずかなことを惜しんで、大事に至ってしまった。もちろん、これは好みの問題もあり、鶏肉などもだいたいはもも肉を最上とし、胸肉は味もおちるとみなすようだが、牛についてもスカンディナヴィアでは腿肉があばら肉よりよかったのかもしれない。これでおもいだすのはプロメテウスとゼウスの葛藤で、人びとがささげる犠牲のうち、どこをとるかでこのふたりが争い、プロメテウスは骨をおいしそうな脂身でくるんでゼウスにやり、自分は脂のない肉片をとった話である。ゼウスはおいしそうな肉だと思ったのが骨しかなかったのでおおいに怒って、プロメテウスをカフカスの岩にしばりつけた。イドゥンの話でもそんな見た目だけのちがいで、大きな損失をしたのかもしれない。

　イドゥン奪還でも追跡者を焼き殺したときはそれがどんな結果をもたらすかは考えなかったのだろうが、イドゥンを追ってきたのはシアージで、アスガルドの神々のところに人質のようにして加わっていたスカジの父親だったのである。[18] スカジとしては父親を殺されて黙っているわけにはいかない。ここでアスガルドがおおもめにもめるのである。なんとかスカジをなだめるために、望みの神との結婚を許そうということになり、候補者をならべて布をかけ、足先だけだして、夫を決めるようにさせた。スカジはバルドルが気にいっていて、きっとこれがそうだろうと思う足を指名した。ところがそれは海の神ニョルズで、彼と結婚することになったスカジは山の神で、海と山があうはずもなかった。一時は九日ごとに山と海で過ごすことにしたが、結局は別れざるをえなかった。その後スカジはオーディンの妃となったともされる。「ヴォルスンガ・サガ」では、オーディンの孫レリルと妻のあいだにはいつまでも子ができなかったので、オーディンはワルキューレたちにリンゴを届けさせた。それを食べた妃が妊娠して生まれたのが勇士ヴォルスングである。[19] このリンゴはイドゥンのリンゴではないだろうか。

スカンディナヴィアのリンゴはどちらかというと彩が鮮やかではなかったかもしれない。それに対してギリシャではリンゴというと黄金のリンゴと決まっている。地中海岸ではどちらかというと黄金の果実はオレンジで、リンゴはあまり温暖な気候にはなじまない。しかしギリシャ神話では世界の西の果てにヘスペリデスの園があって、そこに黄金のリンゴがなっている。ヘスペリデスというのはその園にいる七人のニンフの名前で、リンゴの番人としてはエキドナの息子の竜ラドンがいる。このリンゴは一番美しい女神を決める際にパリスの手に渡されたリンゴでもあり、ヘラクレスが十二功業のひとつとしてこの園のリンゴをとってくることというものもあった。ただしとってきたリンゴは使い道がなく、アテナの手に渡ったあと、ヘラクレスにかえされ、ヘスペリデスの園へ戻された。そしてもうひとつ勇婦アタランテを求婚競走で負かすためにヒッポメネスがもってゆき、競走中に投げてアタランテがそれを拾っているあいだに先にゴールしてアタランテを獲得したという

ヘスペリデスの園のリンゴを奪うヘラクレス（3世紀のモザイク　スペイン国立考古学博物館）

ヒッポメネスとアタランテ（ニコラス・コロンベル画　1680年頃　ウィーン、リヒテンシュタイン美術館）

リンゴがある。このリンゴはヘスペリデスの園のものではなくアプロディテに祈って女神に手づから摘んでもらったキュクロプス島のリンゴだというが、「黄金のリンゴ」としてはヘスペリデスのリンゴと同類とみていいだろう。

アタランテはリュクルゴス王、あるいはボイオティア王の孫娘だが、男子を願っていた両親によって山中に捨てられ、熊に育てられた。パリスの審判においてトロイア戦争のもとになった黄金のリンゴとおなじく、アタランテのリンゴも不和や呪いのたねになった。彼女はカリュドンのイノシシ狩りに参加し、イノシシに一の矢を命中させたが、そのイノシシを切りわけるときになって、皮をアタランテがとることになったのに異論がでて殺し合いになったのである。その結果、アタランテをめとろうとしていたメレアグロスはとどめの矢でイノシシをしとめたにもかかわらず、一族の殺し合いの犠牲になって死んだ。[20]

アタランテを黄金のリンゴで負かしたヒッポメネスはその後、アプロディテの神殿でアタランテと交わったが、それは神域を汚す行為として女神の怒りにふれライオンに変えられた。

オリーブの木

地中海世界に生えている果樹はブドウ、オレンジ、イチジク、桃、アンズ、オリーブだが、それらのなかで神話的に問題になるのはオリーブで、アテナとポセイドンがアテナイの守護神になる競争でポセイドンが泉をわきださせ、アテナがオリーブを生やしたというのは有名だが、古代地中海世界では、中近東でナツメヤシが重要であった以上にオリーブが重要だった。この実をしぼったオリーブ油を日常的に使えるようになって食生活が劇的に変化した。肉なども油であげて保存することができるようになった。オデュッセウスがキュクロペスの島で巨人に捕まった時、オリーブの杙《くい》で巨人の目をつぶしたのは、オリーブでなければならない理由があったのである。地中海の島はキプロスをはじめどこでもオリーブの栽培がさかんで、油をしぼって輸出していた。キュクロペスたちにとって、オリーブオイルは重要な生活手段で、それを奪われれば生活のもとがたたれるのだった。彼らの洞穴にはオリーブの樽が山積みされ、それをかきまわすオリーブの棒がころがっていたのである。これに相当するのがメソポタミアのナツメヤシで、さらに南ではココヤシだった。日本では梅干しにする梅だったろう。ちなみに梅干しは日本特産で、梅の砂糖漬けはあるが、塩漬けは外国にはない。オリーブも油をしぼる以外に、漬け物にして食べる。なお、オデュッセウスのベッドはオリーブの木でできていた。それを言い当ててペネローペを納得させたのである。

　オリーブの木にはまた呪術的機能もあった。それを畑にさしておくと雷や霰にやられない。

　食用果実の雄がオリーブだったなら、住宅建設に使う材木は樅《モミ》、船を建造するときは樫（オーク）、生垣や刈り込んで庭園樹にするのはイチイで、ちなみにこれは猛毒を持っていて、毒矢をつくったりするのに使われた。花木としては木蓮、低木ではバラ、ランド（荒地、ヒース[21]）に生えるものではヒースとエニシダ。これは桜、梅、椿、竹、松、柿、あるいは藤という日本の樹種とははっきり異なった樹種相である。あるいはヨーロッパでは街路樹としてマロニエ、プラタナスをよくみかけるが、神話にはあまり登場しない。ヨーロッパの山野に自生する樹種で目につくのはトネリコで、これがユグドラシルになるのは周知のとおりだ。トネリコについてはマリ・ド・フランスに「トネリコのレー」もある。双子で生まれたのを不吉として、片方がとある修道院の前のトネリコの木の股に捨子にされた話である。木の股から子供が生まれるという俗信があったのである。

アテナとポセイドン（フィレンツェ、メディチ・リッカルディ宮殿）

物言う葦

「王様の耳はロバの耳」、この話はだれでも知っている。しかし、なぜミダス王の耳がロバの耳になったかについてはあまり知られていない。そしてこれがディオニュソス神話のサイクルに入るものであることも知っている人は少ない。ミダスは熱心なディオニュソス信徒だった。ディオニュソスの眷属《けんぞく》のひとりシーレーノスが彼の園庭にはいりこんで酒を噴出する噴水の水、すなわち酒を飲んで酔いつぶれたとき彼を介抱し、その後十日にわたって酒と料理をふるまったのは、もちろんシーレーノスをディオニュソスの眷属としてうやまってのことである。ディオニュソスはそれを多とし、ミダスになんなりと願いを叶えてやろうとした。ミダスは手を触れるものがすべて黄金にかわるようにと願った。その結果は、どんな食物を手にとってもすべて金になって食べられないことになった。そこで泣く泣く、ディオニュソス神のもとへ参上して、なんとか願いを解除してもらいたいと頼んだ。神はこころよくそれをみとめ、とある川で沐浴すればその願いが解けるだろうという。彼はいわれたとおりにし、呪いから解放され、一方、その川には砂金がとれるようになった。この話も有名だが、すこしわからないことがある。手を触れるものすべて金になるようにというのだが、だから食べ物も金になったというのはなぜだろうか。このころは、ナイフ・フォークがなかったのである。手づかみで食べていた。だから触れるものがすべて金になって食べられなかった。であれば、話は簡単である。箸なりフォークなりを使えばいいのである。知られていなかったなら発明すればよかった。そうなればフォークの起源の神話になっていた。フォークではなくとも串焼きの串でもよかった。木の枝でもいいだろう。まずその木の枝が黄金になってもそれはかまわない。それで肉でも野菜でもつきさして食べればいい。あるいはそれでもだめだったならだれかに食べさせてもらえばいい。王であれば、世話をするものくらいいくらでもいただろう。ひょっとすると食べさせてやろうとするお妃なり、家来なりも王の口にさわっただけで金になったのだろうか。手で触れるものが金になるとはいったが、彼に触れるものが金になるとはいっていない。そのあたりははっきりさせるべきだ。「触れるもの」といって「手で」とはいっていないなら、口で触れるものも金になったのかもしれない。そしてそれは料理だけではなく、「触れるもの」すべてであるなら、生身の人間も金になったのだろうか。であれば、王妃も家来もみな金になっていたかもしれない。川でみそぎをして呪いから解放されても、彼のおかげで金になったものを生き返らせることはできなかったのではないだろうか。彼の宮廷には金になった女官や役人がごろごろころがっていたとすると、それはそれで豪華である。まあそんなことはなく、たんに食べ物が金になっただけだろうが、触れるものをすべて金にすることができると同時に、川で水浴びをするだけで、その「呪い」を解くことができたというのもディオニュソスの一言があったからで、いかにこの神が大いなる力をもっていたかの証明でもあろう。

ミダスはこれ以来、ディオニュソスの忠実な信徒になるのである。ということは、つねにディオニュソスと対比される明晰な知性の神アポロンとは対立していたことになる。そのアポロンがパンと音楽の腕を競うことになった。パンはディオニュソスの眷属である。それにアテナの笛を

ミダス王の審判（アブラハム・ヤンセン画　1601年頃）

もっている。これを吹けば妙なる音がひびくのである。この競技の審判にミダスが指名された。アポロンが指名したのか、パンか、あるいはディオニュソスかはわからない。いよいよ競技になる。どんな曲を演奏したのか知られていないが、ミダスはパンの勝ちを宣した。アポロンの怒りはいかほどであったろうか。いきなりミダスの耳を引っ張ってお前の耳はロバの耳だ、音楽の優劣も聞き分けられないと言ったのである。そのあとでアポロンは今の裁きは無効で、もういちど演奏を競おう、ただし今度はお互いの楽器を上下逆にしてやろうと言った。アポロンの楽器は竪琴である。上下逆にしても演奏できる。パンの笛は逆にしたら音もでない。結局パンは負けるのだが、このときの裁きはだれがしたのか知られない。公正な神が裁き手をつとめれば、まず楽器を逆にしてなどという提案を採用するはずがない。しかしこのときはそんな公正な雰囲気は期待できなかった。なにしろ相手はアポロンである。遠矢の神という。気に食わないことがあれば得意の弓で懲罰の矢を射るのである。音楽ではマルシアスとの競争も思い出される。マルシアスもディオニュソスの眷属のサチュロスのひとりである。アテナの笛を拾ったのは彼のほうだともされている。その笛に夢中になってアポロンに競技を挑み、負けを宣告されて、皮をはがれて、松の木にかけられたのである。たかが音楽でと思う。趣味の競争で勝ったものが負けたものの全身の皮をはいで、もちろん相手は絶命するのだが、それまでもとてもではない苦しみを味あわされる。残酷至極な刑である。そんな刑に値することではないが、神の復讐とは恐ろしいものだ。ミダスがロバの耳にされたくらいいしたことはなかった。

ロバの耳というのはロバ男になったということで、オオカミであれば狼男である。リュカオンはゼウスたちに子供の肉を料理して食べさせて神の怒りを買い、狼男にされた。ここで狼男とロバ男と比較すればロバのほうがまだましである。なによりロバは草食の非暴力的・植物的動物である。ロバになったのでは『黄金のロバ』のルキウスがいる。これはこれで大変で、愚鈍で淫猥な動物として嘲弄のまとになる。ルキウスはロバの姿で、競技場にひきだされ、そこで裸になった娼婦の背にのって公衆の面前で淫行をみせなければならなかったりした。それだってストリップ小屋の芸人だか、エロ映画の俳優だかになったつもりならなんでもなかったかもしれないが、ルキウスには人間としての誇りがあり、ミダスには王としての守るべき威厳があった。

　そこでミダスはフリギア帽という耳をかくす帽子をかぶることにしたのだが、これはフリギア、リュディア、つまりアナトリア半島の諸国の伝統的なかぶりもので、それをかぶりだしたからといってとくにみんなが驚くようなものではなかった。ちなみにこれをフランス革命のときの民衆がかぶって貴族たちの「三角帽」に対抗した。マルセイユからパリへ「ラ・マルセイエーズ」を歌いながら進軍した革命軍の市民兵士たちがみなこの帽子をかぶっていた。そこで革命成就後、このフリギア帽がフランス共和国の市民の象徴になり、男女どちらでもかぶれるもので、革命のマスコット的女性マリアンヌがこれをかぶった絵が共和国のロゴになったのである。いまでもフランスの政府機関から手紙などがくるとこのフリギア帽をかぶったマリアンヌが封筒に描かれている。

　それにしてもロバの耳になったなら、散髪の時にでも髪の毛といっしょに短く切りそろえてもらってもよかったのではないだろうか。耳は切ってもたいしたことはない。命にはかかわらないのである。それに狼男の場合でも耳を切ると呪いが解けて人間に戻るという。変身のしるしが耳あるいはしっぽで、これさえなければ人間に戻るのである。

フリギア帽のマリアンヌ
（フランス郵便切手のデザイン）

ロバの耳のミダス王（クリスティーヌ・ド・ピザン『オテアの書簡』挿絵　1450-75年頃）

しかしまさに隠そうとするからいけないので、散髪のときに隠していた耳がさらけだされ、秘密を知られてしまう。そこで、口封じに散髪がすむと散髪屋を殺していたのが、最後にやってきた散髪屋が機転のきくもので、なんとか殺されずにすんだというのだが、その機転がどんなものだったのかは知らされていない。耳が短くなる妙薬があって、それをこの次もってくるので、処刑はそれまでお待ちくださいといったことを言ったかもしれない。昔話ではイチジクだのリンゴだので、鼻や耳が長くなる実と、短くなる実があって、その二種類の実をもいで王宮へ売りに行って王女をせしめたり、財産を作ったり、復讐をしたりする話がある。植物世界の驚異に関するフィクションだが、ミダスも山野の神ディオニュソスの信徒として、そのあたり、つまり人間が樹木になったり、樹木が話しかけたり、樹木が人間をとらえてその樹皮のなかに閉じ込めてしまうなどという話を、はなからでたらめか、おとぎ話だとしりぞける人間ではなかった。不思議なイチジクがあって、長くなった耳を縮める効能があるといえば、ミダスが信じても不思議はなかった。

手を触れるものが金になるとか、それを食べれば鼻や耳が伸びたり縮んだりするイチジクがあるといった現象はディオニュソスの世界ではあたりまえのことだった。彼、ディオニュソスが船にのったとき、船乗りたちが、この若い商人風の旅人を身ぐるみはいで、財産をとりあげようと思って、さあ裸になって有り金全部だしてくれと言ったときにも植物世界の奇跡がおこった。にわかに帆柱にブドウの蔓がのび、ブドウの実がぶらさがりはじめた。旅人のほうはライオンに姿を変えた。びっくりした船乗りたちが海に飛び込むとイルカになった。あれよあれよというまにブドウの木を生やすくらいお手の物なのである。人の姿をライオンやイルカに変えるというのもオタマジャクシが蛙になったり、毛虫が蝶になるような動物学的変身であるより、種が芽を出し、芽が木になって、花が咲き、花が果物になるという植物学的変身に属するものだったかもしれない。というのはディオニュソス信徒たちが山野をかけめぐり、動物たちを手づかみにし、手でひきさいて生肉をくらう狂乱のさなかにまぎれこんだものが、野獣と誤認されて八つ裂きにされる話があり、テバイの王ペンテウスがまさのその例だったが、これはディオニュソス信仰の祭儀の興奮と陶酔のうちに生じた幻覚で、ペンテウスが野獣に変身したわけではなく、信者たちの目にそのようにうつっただけである。そしてその幻覚には酒か何らかの幻覚植物の働きもあった。植物による幻覚だったのである。ということはミダスもディオニュソス信仰をもって国をおさめていたなら、神をまつる大祭のたびに宗教的法悦と狂乱のさなかでの奇跡を演出せざるをえなかったであろうし、そのような宗教的幻覚のうちに王様の耳が伸びていってロバの耳になったとしても、これこそ王が神の恩寵を欲しいままにしているあかしに違いないとみんな思ったかもしれないのである。王であるからにはそれくらいの驚異があって当然である。そしてロバ人間、オオカミ人間も含めてさまざまな人間たち、山の人間たち、海の人間たちを威圧して国をおさめてゆくのである。耳がロバの耳になったのが恥ずかしいなどというようでは王の資格がないとさえいっていいかもしれない。エジプトならハヤブサの頭をつけたハヤブサ人間、朱鷺の頭のトキ人間、牛のあたまの牛女神、ライオン頭のライオン女神などが大いなる神々なのである。

ミダスにしてもロバ耳になったあとで、ディオニュソスに願い出ればもとに戻してもらえたかもしれないが、そのままでいいとひらきなおって、国民の前にその異容をさらけだせば、みんな恐れてひれふしたかもしれない。ロバの耳はロバの頭についていればこそかわいらしいが、人間、それも王者の頭についていれば、まことに威容堂々としてみえたにちがいない。戦士たちが兜の両脇に角をはやしたりするのと同じことである。戦場でも敵を驚愕させ圧倒したことはまちがいない。これは神々の下した懲罰ではなく恩寵であった。いらないものならまさに散髪屋に切りそろえさせればよかった。しかしせっかく生えた見事な耳を切ってしまってはただの人になる。神々の審判をした超人がそのしるしとして強大な耳を与えられ、それをふりたてて人々の裁きをし、戦場にのぞんで敵を威嚇してはじめてディオニュソスに愛されたミダス王にふさわしい。それを、ちょっとした異容を恥ずかしがる情けない王様にしたてあげた童話作者のへたな創作にだまされるようでは世の中をわたってゆくことはできない。

しかしそのへたな童話作者のフィクションでは、散髪屋は河原に出て、穴を掘り、その穴にむかって王様の耳はロバの耳とささやいた。するとそこから葦が生えだし、風がふくと王様の耳はロバの耳と歌いだしたという。これは昔話固有のモチーフで、「杜松《ネズ》の木」だと、殺された子供が小鳥になって杜松の木にとまって「お母さんが殺した、お父さんが食べた」と歌う。なお、この杜松の木は死んだ母親の転生ともいう。あるいは「うたい骸骨」だと殺された死人の頭蓋骨が風が吹くたびに復讐の声をあげる。あるいは葦を切って葦笛にしても、骨を拾って笛をつくっても、それを吹くと犯罪を告げる。これは「物言う樫の木」の系列の想像である。古代、万物に声があったのである。

山梨の昔話では継子が殺されて池のほとりの菊の花になり、歌をうたう。

トウモロコシの母

穀霊の物語はアメリカではふつうはトウモロコシばあさんとして語られる。が、伝承によっては若い母親が殺されてトウモロコシになる。[22] ペノブスコット族の伝承では、ある日、創造者のところに若者がやってきて、創造者と協力してあらゆるものをつくりだす。そこへまもなく、一人の少女がやってくる。少女は「すばらしい地上の植物と、露と、温かさとから誕生した」。若者と少女は結婚して子が生まれる。やがて人がふえ、狩猟の獲物ではたりなくなる。すると若い母親が夫の若者に「私を殺して地面の上をひきまわして」という。そして「体の肉が全部なくなったら骨を集めて、この開拓地の真ん中に埋めて」という。「そして七晩たったらそこにいってみて」。いわれたとおりにするとトウモロコシ母さんをひきまわしたところにトウモロコシが生えていた。骨からはタバコが生えてきた。

　これはいわゆる「ハイヌウェレ神話」である。イエンゼンが『殺された女神』で紹介し、我が国では吉田敦彦氏が『小さ子とハイヌウェレ』で論じて以来、きわめて広範な領域にひろがった概念で、女神が殺されて豊穣をもたらす神話・説話を「ハイヌウェレ型」というようになった。日本神話ではオオゲツヒメをスサノオが殺す神話がこれにあたる。ハイヌウェレの場合はできるのはタロイモなどだが、穀物の場合にはアメリカの「トウモロコシばあさん」の話になる。ヨーロッパなどの小麦生産ではぴったりおなじというような説話はないが、穀物畑で刈り取りをするとき、最後の一束をのこしておいて、そこに穀霊がこもっているとして、それをみんながあつまって儀式的に刈り取って、それを冬のあいだ納屋にしまっておく例がフレイザーらによって報告されている。この穀霊のこもった最後の束を「小麦のおばさん」という場合には「トウモロコシばあさん」とおなじで、穀物の女神を殺して翌年の豊穣を期待することになる。一般には「小麦おばさん」ではなく「狼」や「羊」など動物になるが、穀霊が動物の姿で最後の一束に逃げ込んでいるという想像から出ているとともに人狼伝承などとも接続する。したがってヨーロッパの場合まで「ハイヌウェレ型」というとすこし概念をひろげすぎることになる。そのいっぽう、本来のハイヌウェレ神話を精密に分析してそれとおなじものでなければ同型ではないとすると、「トウモロコシばあさん」もすでにそこからははずれることになる。ハイヌウェレ神話でも口承伝承であり、さまざまなヴァージョンがあって、近縁の伝承とまざりあったり、伝承者によるつけたしがあったりするが、イエンゼンのヴァージョンではハイヌウェレという「女神」はもとはヤシの実あるいは花から生まれたヤシ少女で、ここだけとりだせば桃から生まれた桃太郎も同類になる。そのあとハイヌウェレは用便をするときに陶器など貴重なものをひりだし、それを村人たちにわけるのだが、これは黄金をひりだす犬（ロバ）などの話に接続する。そして最後に祭りの間に殺されて埋められるのだが、埋めたところから芋が生えてくる。「殺される女神」にあたるのはこの最後の場面で、ここでは死体が芋に変わるのだが、ほかではトウモロコシであったり、穀物であったりする。オオゲツヒメの場合は馬や蚕まで生まれる。

それに先立つ二つのモチーフ、すなわち「貴重なものを尻からひりだす」―「果樹から生まれる」という二つのモチーフは昔話の世界ではそれぞれ独立した別個のものとされる。別個ではあるが、ほかのモチーフと結びついて、それぞれの話型を構成する。たとえばフランスの昔話「ロバ皮」では金をひるロバのモチーフはそのロバを殺して、その皮をかぶってゆく「姥皮」モチーフに接続し、王女が幸せな結婚をするシンデレラタイプの物語になる。

オオゲツヒメの場合は後半の二つが結びついて、口や尻から食べ物をだす「食べ物の母」と、その女神の死体から五穀その他が生まれる話で、話の順序は反対になっているが、五穀が生まれ、それを刈りとって調理し、海山の幸とともに料理をだすという文化的プロセスが語られているとみていい。女神から生まれるものが芋ではなく、五穀であることからもこのほうが進んだ神話ともみられるが、文化的に進んでいることと、神話として伝播・派生したものか、オリジナルなものかの議論は別である。三つのモチーフがつながっていることをみるとハイヌウェレ神話もかならずしも「原神話」ではないようにも思われる。たとえば、ヤシの実から人間が生まれる話はポリネシアに広範にひろがっている。また黄金などを尻からだす話は世界的に分布する黄金ロバ、黄金子犬などになり、後者は竜宮童子においては黄金ではなく、願い事をかなえてくれる福の神になる。

トリプトレモスに麦束を与えるデメテル（前440-430年頃　アテネ、国立考古学博物館）

なおギリシャでは「殺された女神」の話ではないが、穀物の神デメテルがトリプトレモスに麦穂を与えて、世界中に頒布するように命じた。それが小麦栽培のはじめという。

ここでは女神は殺されてはいないが、冥界の王のしわざに怒って、姿をくらましたのであり、これは不死の女神にあっては、死にあたる話である[23]。

最後の死体が植物になる話では人食い鬼を殺して埋めるとそこからきれいな花がでてきて、その上に洗濯物を干しておくと、肌着が魔法の肌着になって、それを着ると白鳥になってしまうという話が「白鳥の兄弟」としてあり、日本では化け猫を殺して埋めるとその頭からカボチャの蔓が伸び、カボチャが実るがそれを食べると死んでしまう話がある。あるいは、これは上述の「トウモロコシの母」でもあったが、タバコが墓から生まれる話も広くひろがっている[24]。一般に死者を地中に葬ったときに、そのうえに樹木を植える話はじっさいの風習のなごりともみられ、フリーメースンの伝承では最初の職人組合の親方であるヒラム、あるいはアドニラムが殺されたときはそこにアカシアの木が植えられた。「杜松《ネズ》の木」でも死んだ母親を埋めたところから杜松の木が生え、その子が殺されて小鳥に転生すると、その杜松の木へやってきて「おかあさんが殺した、おとうさんが食べた」という歌をうたう。

死者が植物に変わるということでは、芋や五穀より、樹木のほうがより進んだ文化を示しているのかどうかむずかしいところだが、森から出て、焼き畑で農耕をはじめた段階では芋や五穀の起源の神話が生まれ、文化がより発達してくると、農耕や金属精錬、土器づくりなどのために伐採した森林にかわるあらたな森林を植林する必要が生じてきて、木を植える神話、木が生まれる神話ができてくるのかもしれない。

その場合、ヨーロッパで多いのは死者ではなく生きた人間のからだから樹木が生える話で、「手無し娘」のヴァージョンでは、兄が妹の手を切って森へ捨ててきたとき、茨のとげをふみぬいてしまって、それがとれずにどんどん成長して大木になるのを、妹がやってきて、奇跡的に復活した手でさわると、なんなくとれるという話になるが、体から大木が生えてくるというのは、勃起した男根のイメージを包摂しているようで、寝ている男の男根がどんどん大きくなって天にとどく大木になった話など、これは笑い話でよく聞かれる。男根ではないものの陰部から大木が育つのはペルシャのキュロス王の誕生説話で、母親のマンダネの陰部からブドウの木が生えだして全オリエントをおおうさまをその父親が夢にみた話がある。この夢は二回に分かれていて、最初はマンダネが盛大に小便をして、その水が全オリエントを水没させる夢だった。これは井本英一氏が『夢の神話学』で論じており、依田千百子氏が高麗の祖の宝育の神話として紹介している話である。朝鮮のほうでは娘が山に登って用をたすと全韓が水没するのである。そこからもちろん国や地域を統一する始祖英雄が生まれるのである。

これは沖縄などで語られる感精神話で、女が戸外で用をたしていると日光が陰部にさしこんで太陽の子を懐妊する話につながってゆく。女が陰部をさらけだして用を足すと、それを見ている男の陰部がもりあがってきて大木になる。そのふたりがまじわって英雄を生むことにもなる。マンダネの二つの夢は英雄の父母のそれぞれの巨大イメージだろう。

洪水と巨人の放尿が結びつく話はもちろんガルガンチュア説話にみられるが、ガルガンチュアの女性版である巨人としてのメリュジーヌ伝承でもでてくる。北欧ではトールとロキが巨人の館へ向かう時、川を渡っていると、突然増水してきておぼれそうになる。川上を見ると巨大な女が川にまたがって放尿をしている。それがこれからたずねてゆく館の一族なのである。

殺された女神から五穀が生まれる話と、女巨人の放尿の話は関係がなさそうでそうでもない。ハイヌウェレでもオオゲツヒメでも尻からおいしいもの、貴重なものをとりだすのである。農耕と人畜の排泄物は密接な関係にあり、かつては人糞は貴重な肥料だった。いまでこそ化学肥料全盛だが、ちょっと前までは肥桶をかついでいるのが農民の典型的なすがただった。いまでもバラには牛糞がいいことになっているし、鶏糞はより一般的に使われる。つまり五穀の誕生と、糞尿による施肥は不可分だった。神話のアナクロニックな構造はそれを順序を逆にして語っているのである。

キュロス王

ランクが分析した「流された王子」の典型例であるペルシャのキュロス王は、生まれるとすぐに山の中に捨てられたことになっているが、じつは羊飼いが養育していた。しかし彼の誕生には母親マンダネについての不思議な夢が予言をしていた。夢はマンダネの父親がみていた。娘が放尿をしてペルシャ全土が水没するというのが第一の夢である。第二の夢は娘の陰部からブドウの木が育ってやはりペルシャ全土をおおうのである。この夢によればやがてマンダネの生んだ子はブドウの木から生まれたのであり、木の根方にはおびただしい量の水が流れていた。生まれた子はその水に流されたことになる。植物からの誕生と水に流されることが同時に予言されていて、そのとおりに実現するのである。

ランクが紹介しているホレ婆さんについての伝説（グリム）では「新しく生まれてくる子は、彼女の噴泉からでてくる」とされる。水は生まれた英雄を流すだけではなく、きたるべき英雄をいきおいよく噴き出すのにも使われる。噴泉はもちろん母親の陰部だが、そこから水が噴き出すことが重要で、その水が世界を水没させる予言夢は世界の征

子供の頃のキュロス王（アントニオ・ヴァッサーロ画　17世紀中頃　サンクトペテルブルク、エルミタージュ美術館）

服をあらわしている。

キュロスの祖父がみた放尿夢も高麗の始祖の曾祖母がみた同様な夢も英雄誕生とその後の水上遺棄を予告する夢である。実際にはキュロスも作帝建も水に流されはしなかったが、キュロスは山に捨てられ、雌犬という名前の女に育てられる。作帝建は唐へ向かう途中、船から海中に捨てられ、竜宮へ迎えられる。竜宮のたたりで船が進まなくなった時、くじで竜王へのいけにえを決めることになり作帝建がくじにあたるのだが、これは水に流されたのとおなじであろうし、竜宮の賓客となるように定められていたことでもあろう。彼は竜宮を脅かしていた怪物を射止めて、お礼として龍王の娘をもらうことになる。[25] 彼の孫が王建で、これが実質的な王朝の始祖になるが、彼は母親が死んで埋葬されてから生まれ、棺桶の蓋を開け、墓石をもちあげてできたという。土中出生である。土の中から生まれるのは植物である。

貝の女神によって蘇生させられたオオナムチはその次に木の股にはさまれ、そこを母神がすくいだすのだが、この二つの場面を一回の誕生のドラマにまとめれば、オオナムチは最終的には木の股から植物性の出生をするのであり、その準備をしたのが貝の女神で、赤裸の胎児が貝の汁につけられて生命がよみがえるものの、この世に生まれなおすには木の股を通る必要があったと考えられよう。そしてさらに「木の国」から「根の国」にくだって最終的な生まれなおしをする。一本の大きな木につつみこまれ、根からひこばえとして地上に再生するのである。オオナムチはなんども死んで生き返ったというより、一連の死の試練において、何回かの死、あるいは眠りのフェーズをへて、貝の女神と母神の手助けを得て、根の国から植物的再生をはたすのである。

彼の祖先であるスサノオは尻の毛などをぬいて槇その他を植えた植物神である。スサノオが支配する「根の国」は植物霊が再生のときまで滞在するところである。彼がともに国づくりにはげんだスクナヒコナは粟の茎にのぼってそこから常世へ飛んでいったというように粟に関係がある。微小な神で、穀物の種もみでもあったろうかと思われる。

『古事記』の樹木

ニニギノミコト

スサノオやオオナムチが植物神であるなら、明らかに穀霊としてあらわれるのはニニギノミコトで、アメニギシクニニギシアマツヒコヒコホノニニギノミコトという名前の主要な部分であるホノニニギに「穂」ともうけとられる「ホ」があることからもそれは知られるが、日向の国風土記では、高天原から日向におりたったとき、あたりが暗かったので、もっていた稲の籾をまくとあたりが明るくなったとされている。[28] ニニギは太陽神の性格と穀霊の性格をあわせもっている。地上へ下るとき、アマテラスから稲のたね籾を渡されているのである。また太陽神の孫神として地上の太陽の明るさの調節をするのである。彼がめとった妻神はコノハナサクヤヒメで、樹木霊である。その子供は山幸である。かれがトヨタマヒメと一緒になることで、海神の系統がそこに加わるが、それまでは山神、穀霊の系統である。彼が駆逐したオオクニヌシの系統も根の国の系統で、いずれも植物霊の世界だろう。ただしオオクニヌシの分身とされるスクナヒコナは粟の茎にはじかれて常世へ飛んでいったように、粟類の穀霊とされる。焼き畑の雑穀である。おなじ穀霊、あるいは植物霊でも稲霊と焼き畑の雑穀の霊で、後者がスサノオの系統だった。

春山の霞壮夫

『古事記』ではつぎに応神天皇の条に秋山の氷壮夫と春山の霞壮夫《ハルヤマノカスミオトコ》の話がある。天日槍《アメノヒボコ》の話のあとにつづく。二人の兄弟が一人の娘をめぐって争った話で、娘の名はイヅシオトメという。天日槍が出石におちついたので、そのあたりの伝承を拾ったということだろう。兄弟で求婚競争をして弟が勝つのだが、母親の助力が大きい。母親は藤の蔓をとって衣を織った。その衣と同じく藤でつくった弓矢に花が咲いた。それをもっていって厠におくと、娘はそれを奇異なこととみなして藤の花をとって家のなかへはいった。[27] そこで、春山もそのあとについてはいってまぐわいをしたというので、藤蔓の弓矢に花が咲く奇瑞《きずい》があり、それを用意した母親が藤あるいは花木の神であったと思われる。これは同じく山野の豊穣の神ディオニュソスが船にのって海をわたるとき、船の帆柱にブドウの蔓が張って、ブドウがみのったという奇瑞を示したのと軌を一にする。しかし厠においた弓矢をとって床におくと男になって女に通じたという話（大物主が丹塗り矢に変じてセヤダタラヒメのところへかよう）があり、同種の話とみられる。藤の弓矢は丹塗り矢と同じである。丹塗り矢は直接ほとをついている。厠の女神は、川の上流で尿する女神と同じである。兄弟葛藤についてはここでは特に問題にしない。春山という名前の春の神が枯れ木に藤を咲かせる花の女神のたすけをかりて厠の女神を手にいれたのである。丹塗り矢が川を流れてきたのであれば、藤の弓矢も川を流れてくる。上流に藤が咲いていて、花房が川に落ちて流れてくるという情景を想像してもいい。あるいはのちの時代なら藤の花房に文をつけて女におくるというところだろう。いずれにしても男は藤の花房をもって女のもと（厠）へゆく。藤になって川を流れていったとみてもいい。そして藤の花房が男になった。ゼウスが白鳥になってレダのところへかようように、あるいは三輪山の神が蛇、あるいは丹塗り矢になって女のもとへかようように、藤になってかよったのだ。

ディオニュソスの航海（前535年頃　ミュンヘン考古学博物館）

そのあと兄の秋山氷壮夫はその展開にいきどおって約束のまかないをしようとしない。母神がふたたび介入して、竹で籠を作り、竹の葉をしきつめて、この竹のように青くなれ、この竹のようにしおれよと呪った。その結果、秋山は八年にわたって病に伏したという。竹の葉の呪術も植物霊としての母神の霊能のひとつである。竹の籠は山幸が竜宮へゆくときにも使われる。藤は日本原産でこの話も日本で語られたものと思われる。

ホムチワケ

植物霊のはたらきはホムチワケが簸《ひ》の川へいったとき、川のなかに「青山《せいざん》」ができているのをみて声を発したところにもみてとれる。蛇女神であるヒナガ姫がそのなかにこもっていたのだが、青山とは生木を切って山のように積んだものだろう。そのなかに褥《しとね》がしつらえてあったとみられる。蛇女神が最初は美しい女のすがたでその青山のなかに現れる。翌朝になるとおろちになっていた。青山が蛇の変身をつかさどる。

春山の話のつぎに仁徳天皇の条となり、天皇が黒日女《クロヒメ》ほか多くの女を召しているのを妃が憤って、祭式をおこなうためにとってきた御綱柏《みつながしわ》を川に捨てさせる。この葉をもって植物霊を呼びよせる呪法をおこなうところだったのだろう。この妃も植物霊祭司であった。妃は宮殿に戻らず、川をそのままさかのぼり、椿の花のさかりの下をすぎて葛城へ行く。妃が身をよせた家では蚕のようにさなぎになり、ついで羽が生えて飛んでゆく虫を飼っていて、それを妃に献上する。この蚕様の虫については富士川のほとりで、これに似たものを常世神としてあがめる人々がいたといわれる。虫は橘《タチバナ》につく。揚羽《アゲハ》は柑橘類か山椒にしかつかない。これも揚羽の一種と思われるが、橘の虫というのに注目する必要がある。橘であれば古代には日本にはなく、タジマモリがそれをさがしに「常世」までいった。ここも「常世神」を祀る橘を植えている家とも目される。韓人とされる。

このあとに枯野という舟についての記述がくる。朝日は淡路島に影を落とし夕日の影は高安山をこえるという大木がある。それを切って舟をつくったら飛ぶように走った。それが老朽してこわれたとき、塩を焼いたが、のこりで琴を作った。「その音、七里に響みき」という。ただの木ではなかった。この当時の天皇は霊木をもってふさわしい用途にすることを知っていた。木の霊力をうまく使うものが天皇になっていたのである。

高木の神

『古事記』をそこまでみてきて、でてきた樹木は、まずはタカギノカミであろう。これは創世神の名前だが、その名のとおり高い木の神であるかもしれない。つぎは雉のナキメがとまって鳴いた桂《カツラ》の木がある。アメノワカヒコの家の門の前に生えている。門の前といえば、山幸がおとずれた竜宮でも門のそとの井戸の上に桂の木があった。また、のちの製鉄神話である金屋子神伝承でも、女神がおりたったのは桂の木の上だった。これは日本在来種で、中国にはない。「月の桂」というのはキンモクセイのたぐいだという。[28]

天岩戸の段、ウズメがヒカゲノカズラをたすきにし、マサキを鬘《かずら》にし、笹葉を手草にして踊ったのはもちろん植物霊を呼びおこす呪的パフォーマンスだが、それより注目すべきは真榊《まさかき》を根掘《ねこ》じにしてきて、そこに玉、鏡、幣をかけて祈ったことである。樹木を根掘じにするというのはその樹木の生命を玉や鏡に寄りつかせるためであろう。これがこの場の主祭壇で、サン・ピエトロ聖堂の主祭壇がひねり柱でささえられた天蓋の下にあるように、ここでは真榊が根ごと立てられていて、それにむかって八百万の神々が祈るのである。そのあとの巫女のトランス状態での踊りは神事としてはつけたしである。これはいまでもおなじで、神主による祝詞奏上《のりとそうじょう》がすんでからなかば余興のようにして巫女舞が披露される。

『古事記』の中のその他の樹木

「畝傍山《うねびやま》、木の葉さやぎぬ」　神武の妃イスケヨリヒメは、ユリの咲く狭井川のほとりで神武に求愛されるが、その神武の崩御後、庶兄のタギシミミの妻になる。これは古代においてはよくあることだったが、タギシミミは神武の子供たちを殺しておこうと考えた。これもよくあることである。それをイスケヨリヒメが察知して子供たちにそれとなくつげたのが、「狭井河よ、雲起ちわたり　畝傍山　木の葉さやぎぬ　風ふかむとす」という歌である。それを聞いて、子供たちはタギシミミを殺す。イスケヨリヒメはタギシミミを殺そうとしていたのである。ちなみにイスケヨリヒメはオオモノヌシが丹塗り矢になって川を流れてセヤダタラヒメのホトをついて生ませた娘、すなわちオオモノヌシの子である。

「二俣榲を二俣小舟に作りて」ホムチワケを軽の池にうかべて遊ばせた。「然るにこの御子、八拳髭心前に至るまでに、ま言とわず」。大きくなるまで口がきけなかったのである。それがあるとき、白鳥が空を飛ぶのをみて「あ」と叫んだ。それからの話は「青山」の項で述べたとおりである。天皇としては、背いた妻の子であっても、炎のなかから生まれたこの王子にとりわけ深いあわれみと愛情をそそいでいたのであろう。『古事記』のなかで天皇がわが子を遊ばせる情景はここ以外にない。二俣の舟というから、片方に父親が乗り、片方に幼子が乗っていた様子も思い浮かべられる。日本民族がはるか南方の故地から海を渡ってやってきたときは、二俣舟、すなわちダブルカヌーやアウトリガーをつけた舟がよく使われていたのかもしれない。これなら転覆するおそれもない。もっとも内陸の池での遊びである。波もないおだやかな池で転覆の心配をする必要もなかったろうが、なぜ二俣の舟だったのかが気にかかる。双子であれば、二俣舟でもいいだろう。ひょっとしたらこの王子は双子として生まれた片割れで、もうひとりは炎のなかに消えたのだろうか。サオヒメがこの子はあなたの子だからといって炎の中から天皇に差し出したということは、もうひとりは私の子だから、手元においておくというつもりだったかもしれない。もちろん、そんなことはいっさい『古事記』には書かれていない。ただ、なぜ二俣舟なのだろうというところから、つまらない想像をしてみただけである。

「トキジクノカクノコノミ」というのは今の橘だとあるが、それをとってくるように命じた垂仁天皇としては不老不死の霊薬のつもりだった。不死の木を探しにいったギルガメシュのようなものである。それを命じられたタジマモリは天日槍の末裔で、渡来人の系統である。彼が海を渡って不死の果実を探しに行った先は一族の故地のほうであったわけではなく、もっと南のほう、年中、黄金の木の実がたわわになる楽園ではなかったかと思われるが、そこでは不死の果実もなんでもないありふれた果物だっただろう。それを十年という長い年月をかけてとってきてみたら天皇がすでに崩御していたので、葉と果実のついた枝八本、果実だけの枝八本のうち半分を妃にたてまつり、のこり四本四本をもって天皇の陵に行って、泣いて死んだという。この陵は今、奈良の尼辻にある。垂仁天皇といえば、ホムチワケの父王である。妃のサホヒメが謀反した兄にそそのかされて、寝ている天皇の命をねらったが、小刀を天皇の喉首にかざしたまま、おもわず熱い涙をたらし、天皇の目をさまさせた。日本版「アモールとプシュケ」である。妃とその兄がこもった砦に火をつけられて、炎のなかで生まれた王子ホムチワケは髭が胸先にたれるまでものを言わなかった。その悲劇の一端をになう垂仁天皇が不可能な職務を命じたタジマモリは新羅から逃げた妻を追ってやってきたアメノヒボコの末裔で、これも悲劇的な一族である。不死の果実の周囲に呪われた人間たちの悲劇と執念がうずをまく。

風土記の樹木

日本にある珍しい植物変身の話は『常陸国風土記』香島郡の項、童子女の松原あり、ある夕べ、男女が膝を交えて語らっているうちに、「語らいの甘き味に沈れ、頓に夜の明けむことを忘る」。はっと気が付くとはやくも日が昇っている。人に見られることを恥じて「松の木となれり」という。

同じ『常陸国風土記』で、行方の郡に、一本の大きな槻《つき》の木についての記述がある。北側の枝がさがって、地につき、もう一度あがって空中にそびえている。特記するほどのことも思えないのだが、この風土記を報告した土地の人にとってはどうしても言っておかなければならないものだったのだろう。その近くに橘の木があるという記述も、『古事記』の「トキジクノカクノコノミ」を考えれば、この常陸の国にこそ、それがあると言いたいのかもしれない。

つぎには蛇神信仰で名高い夜刀の神の話があるが、この話の第二段、壬生の連の項で、池の堤を築くときに、池のほとりの椎の木におびただしい蛇が「昇りむらがった」というのが、異様である。蛇が木に登ること自体は別に不思議ではないが、おびただしく蛇が木にむらがるというのはただごとではない。毛虫などならありうるが、椎の木であり、蛇である。それがまるで桜の木に毛虫がたかるようにむらがったのである。なにごとか、凶兆でもあろうか。焼き畑でもあれば、炎を逃れた蛇が木に登ることもある。ここは、水田にするための用水池をつくる場面である。それに対して、焼き畑の時代の習慣で蛇が木に登ったのであれば、蛇がひと昔前の時代をあらわしているともみられる。新しい時代をひらく用水地工事に、古い文化が抵抗したのである。その近くの森には草木がよく茂って、猿や猪がたくさん棲んでいる。ある種の想像では常世でもあった文明と自然の境の地である。壬生の連は中央から派遣された役人でもあろう。それに対して、蛇が抵抗したとみられる。

香島の郡では、香島の神が天下ってくるとき、土地には荒ぶる神がむれをなし、石根、木立、草の片葉まで言問い、騒然としていた。そこへ神がおりたってからは、神社の周りは「山の木と野の草とはおのずから柴垣を立てて庭をなし、（……）松と竹とは垣の外をまもる。（……）春は百草は花ひらき、秋は千樹は葉の錦である」[29]。蓬莱の苑ともいうべき神苑であった。今はその面影もない。

那賀郡にはタチハヤヒという神が天下った松の木がある。八俣の松で、これにむかって小便などをすると祟りがある。

『出雲国風土記』意宇郡の項、山野にある草木として牡丹、蕨などのあと、藤、李、檜、杉、桐、樟《クスノキ》、椎、椿、ヤマモモ、松、柏、きはだ、槻《つき》（ケヤキ）をあげている。落葉広葉樹は桐と槻くらいである。常緑広葉樹としてクスノキ、椿がある。豊後の国風土記では大きな樟の木があるので樟の郡といい、隣の郡では桑の木が高くまっすぐなので直桑の村という。その隣は、柏の木がたくさんあるので柏原の郷という。

神門郡には薗の松山と呼ぶ海岸の松林がある。砂は白砂で、松が繁茂している。風が吹くと砂が飛んできて松の木を埋めてしまう。日本の原風景である白砂青松の地である。鉄を溶かすのに広葉樹の森を切りつくしたあと、山肌が荒れて、岩が崩れて白砂の海岸をつくった。そのあとに荒れ地に育つ松が生えそろった。今は松くい虫が全国の松林を侵食していて、やがて海岸の松林はどこにも見られなくなるだろう。

『肥前国風土記』では丘を築かせてそのうえで琴を弾じ、弾じ終えてその琴を立てたところ樟となった。そこを琴木の岡という。その近くの佐賀の郡には大きな楠があり、朝日の影は蒲川山を、夕日の影は草横山をおおったという。

『摂津国風土記』にいう。美奴売の松原の美奴売というのは神の名である。神功皇后が神前の松原にもろもろの神をあつめて祈願をした。そのとき、この神もきて、自分の住んでいる山の杉の木で船をつくれば幸があろうといったので、そのとおりにしたという。この船にのって新羅へゆき、帰って来た時、船は牛のように吠え、ひとりでにその浜に戻ってきて、動かなくなった。そこで、そこに神をまつり、その地を美奴売の松原と名付けた。

下総・上総の名の起こりは、数百丈に及ぶ楠の大木を倒した時、上の枝が倒れたところを上総、下の枝が倒れたところを下総とした。枯野という舟をつくった大木よりさらに大きな木だったようである。巨木信仰より、伐採伝承のほうが目につく。古代、いたるところに大木が繁茂していて、それを切り開いて畑にしたのだろう。この下総、上総の木を何にしたかは語られない。しかし楠なら、船にしただろう。

播磨の国の逸文では、枯野の舟のヴァリアントとして、速鳥という舟を楠の大木でつくったという記述がある。朝日には淡路島に陰をおとし、夕日には大倭島根を陰にした。その船は速いこと飛ぶようで、一漕ぎで「七つの波をこえ」た。この船で、天皇の食事のために水を運んでいたが、あるとき、時間に遅れてしまった。そこで、それきりで、天皇への水汲みは廃止したという。

II 神話の花園

悲劇の英雄の流した血から花が咲いた例は略述したが、特定の花から神がたちあらわれたり、王国の象徴になったりするほかに、魔女の杖のように、花でふれると変身がおこるとか、なんらかの呪術的機能が特定の花にあるという話は昔話に多い。ただし、その場合は花というだけで、どんな花なのかわからなかったり、あるいは妖精の花でこの世の花園に生えているものではなかったりする。現実の花で神話的機能をもったものをいくつか選んでみる。バラや「神秘の薔薇」はあえてとりあげない。菊やマンドラゴラも割愛した。

ロータス

ギリシャで、その実を食べると故郷のことを忘れてしまうというロトスははたして蓮《ハス》のことなのか睡蓮《スイレン》なのか、あるいは別のものなのかさだかではない。ロトパゴスという「蓮食い人」なるものも存在するというが、レンコンを食べる日本人はロトパゴスなのかもしれない。もっとも一説では、このロトパゴスが食べていたロトスは棗《ナツメ》のことだともいう。

世界神話の中ではまずエジプトの創世記で、アトゥムが蓮の花の上にあらわれて世界創造をおこなったという。また太陽神ラーも蓮から生まれたとされる。このエジプトの蓮は睡蓮で、「ナイルの花嫁」と呼ばれ、神々の秘密が隠されているともい

インド神話のブラフマー（19 世紀）

われる。インドではブラフマーが蓮の上にすわって瞑想している。ギリシャ神話ではニンフのロティスがプリアポスにつきまとわれて、それをのがれるために蓮になった。オウィディウスでは、この花を抜こうとしたドリュオペーが根がはえて睡蓮にかわってしまった。日本では天平七年、横佩大臣《よこはぎのおとど》（藤原豊成）の娘が当麻寺にはいり蓮の茎をとりよせて浄土曼荼羅を織りあげた。折口信夫《おりぐちしのぶ》の『死者の書』がそれを物語る。

　コスカンが紹介したインドの説話では、王の妃が蓮の花を産み、それを不吉としてガンジスに流すと、その千の花弁がそれぞれ王子になった。

　植物学ではハスとスイレンは別種だが、神話ではとくに区別しない。スイレンはドイツ語ではSeerosen、英語ではWaterlily、仏語ではNenuphare、学名は*Nymphea* である。ハスはロータス、ロートス、ロテュスなど、読み方はさまざまだが、すべて*Lotus* である。

　多田智満子はロートスを「至福の幻覚」を与えてくれる「麻薬的植物」とする。「かぐわしい蓮」をあじわうにはという旅へのいざないがボードレールの『旅』にある。

　セビヨによると、睡蓮は煎じてのむと、高まりすぎた性欲を抑制するという。

　中国では「泥中に生じても汚れに染まず、清い水に洗われて咲くが人には媚びぬ（……）蓮は花の君子なるものなり」という[5]。

「死者の書」に描かれたオシリス神（前1250年頃　ロンドン、大英博物館）

チューリップ

　ヨーロッパへはトルコからもたらされた。チューリップとはターバンの意ともいう。スキナー『花の神話と伝説』によれば、チューリップは妖精たちの子供のゆりかごだという。安らかな眠りを保証してくれ、以後、幸運にめぐまれるという。ヨーロッパでは十七世紀に大流行をしたが、一六三七年に投機が禁じられて大恐慌をきたしたともいう。

　デュマに『黒いチューリップ』がある。十七世紀のオランダを舞台にし、巨額の懸賞金をかけられた「黒いチューリップ」をつくりだそうとする人間が政争にまきこまれ、収監され、獄吏の娘に球根をあずけて開花させるといった話だ。

　アンデルセンの『親指姫』はチューリップから生まれた女の子の話だ。モグラとの結婚をせまられていた親指姫は、助けた燕につれられて南の国へゆき、そこで花の妖精の王子と結婚する。

　二〇〇五年のキルギスタンのクーデターは「チューリップ革命」とよばれた。オランダ絵画ではファン・デーレンに赤の模様のはいった白花を一輪だけ描いた名品がある。

ディルク・ファン・デーレン《万暦花瓶に生けたチューリップ》(1637年　ロッテルダム、ボイマンス＝ファン・ビューニンゲン美術館)

親指姫の誕生（ヴィルヘルム・ペデルセン画　1850年刊の挿絵）

ユリ

ペルセポネがハデスにさらわれたときに摘んでいたのがユリだという。ユリの起源としてヘラクレスがヘラの乳房にすいついて云々という話の経緯はいろいろと語られている。ゼウスがヘラクレスを不死身にするために、ヘラが寝ているときに乳をふくませたとも、アテネとヘラがあるいていて、道端に捨てられていたヘラクレスをみつけ抱きあげたともいう。いずれにしてもヘラが気がついてひきはなしたとも、ヘラクレスがあまりに強く吸ったので、口から乳がこぼれたともいうが、流れた乳が天上では銀河になり、地上ではユリの花になった。その後、その純白の花をみて、アプロディテが嫉妬の念をもやし、隆々たる生殖器である雄蕊を生じさせたともいう。

キリスト教世界では聖母の純潔をあらわし、精霊降誕を聖母に告げる天使がもっているのもユリである（レオナルドやボッチチェルリの「受胎告知」参照）。ユリを図案化した「フルール・ド・リス」はフランス王家の紋章だった。これはアイリスであるともいうが、フランスではユリである。

泉鏡花に『黒百合』がある。中世末期以来の語り物「黒百合姫祭文」では主人公小百合に悲劇がおとずれるたびに山中のユリがすべて黒百合に変ずる。

フルール・ド・リス

ティントレット《銀河の起源》1582年　ロンドン、ナショナル・ギャラリー（画面下方にユリが描かれていたが、その部分は切断されて、今は失われている）

西川照子『神々の赤い花』は、ユリは「ゆれる」からでた語ではないかという。また百合という字は百＝白からともいう。

ヨーロッパでは復活祭に聖母の祭壇をかざる。日本では奈良の率川神社の三枝祭がユリの祭りである。神武天皇とイスキヨリヒメがユリの咲きみだれる狭井川のほとりでであったことにちなむという。

レオナルド・ダ・ヴィンチ《受胎告知》フィレンツェ、ウフィッツィ美術館（上＝天使が手にしたユリ）

スズラン

これも聖母の花として、聖母の涙から生まれたともいわれる。スズランを五月一日に贈るようになったのは十六世紀のシャルル九世のときという。ドフィネ地方を訪れたとき、地元の領主がスズランを王に捧げたところ、おおいに気に入って翌年からは王自身が周囲のものにスズランをふるまうようになったという。この風習は一時すたったが、十九世紀になって、仕立て屋のあいだで、針子にスズランを贈ってから復活したという。ディオールも商標にスズランを用いるようになった。とりわけ十三の枝をもったスズランが幸せをもたらすという。ヨーロッパでは五月一日には街角でいっせいにスズラン売りがスズランを束にして売る。縁起物だが、メーデーの行進に参加する人がスズランの花束を抱えている姿も目にする。

スズランに葵の葉をそえて一組の男女に別々に贈ると、その二人はきっと愛しあうようになるとセビヨにある。セビヨの『フランス・フォークロア大全』にはこの種の恋愛魔術に草花が使われる例がおびただしくあがっている。だれもが簡単に恋におち、人生を享楽するようにみえるフランスでも、愛されないがための悲しみにおしひしがれ、民間呪法に頼る人は少なくない。愛する人に手渡すべく春の野辺をスズランを探してさまよう若者の徒労もまた哀れだ。とくに取り立てて、スズランを贈りたい人がいるわけではなくとも、「幸せの花」とあれば、森の下影にでもと探してみてもみつからない。「頭をさげることを知らないものには、若い鈴蘭は目につかない」（尾崎喜八『吾が庭の寓話』）。

　ギリシャ神話ではアポロンがパルナッソス山にこれを敷きつめて、ムーサたちが素足をいためないようにしたという。英語では「谷間のゆり」という。

　クローヴィスのころ、聖レオナールが竜と闘って傷ついたときにしたたった血がスズランになったとも伝える。

　アイルランドでは「妖精のはしご」といい、ちいさな妖精がのぼりおりするという。フランスの革命暦ではフロレアル月七日。

5月1日にヴィクトリア女王夫妻と三男アーサーにスズランと贈り物を捧げるウェリントン公爵（フランツ・ヴィンターハルター画　1851年　イギリス、ロイヤル・コレクション）

スミレ

スミレはアティスの血から生まれる。その後の神話ではゼウスが誘惑したイーオーがヘラの嫉妬のために牝牛になってしまったときに彼女をなぐさめようとゼウスが野原の花をぜんぶスミレに変えたという。スミレの起源としてはイアがアポロンの求愛をのがれるためにアルテミスに祈ってスミレになったとも伝えられる。マリー・アントワネットが好んだ。

プリニウスは「スミレ」を春の使者としている。ウィーンの宮廷では十三世紀初めに、三月にドナウの河岸に一年の最初のスミレを探しに行き、そこでみつけたスミレを棒の先に刺して、そのまわりを踊った。北ドイツのロストックでも春の最初の使者として最初のスミレが棒の先につけられ塔の上からラッパを吹きならした。チェルネボークという神の娘たちがスミレに変えられたが、十年に一度、四月三十日の夜、美しい娘として目を覚ます。その瞬間のスミレを摘めば、神の宝と娘を手に入れられる[20]。なお、谷口幸男ほか『ヨーロッパの森から』では、ヴェンデ族の神チュルネボークは、キリスト教を受け入れなかったために、石に変えられ、娘たちはスミレになったといい、十年ではなく、百年に一度目を覚ますという。

古くはピンダロスのディテュランボスがスミレをうたっている。

摘まるるスミレの花冠と春の歌
……

神なる大地の上にうるわしきスミレのさき出でて

芭蕉の句は、山路きてなにやらゆかしすみれ草。

スミレの学名ヴィオラには三色スミレ（パンジー）も含まれる。パンジーはフランス語で「思考」を意味する「パンセ」から出る。日本では遊蝶花などという。革命暦ではスミレがヴァントーズ月八日、パンジーがジェルミナル月二十七日に充てられる。

レヴィ＝ストロースは名著『野生の思考』を「野生のパンジー」とも読める Pensée sauvage と名付け、表紙にパンジーの絵をかざった。

花言葉ではスミレがつつましさ、はじらいをあらわすのに対し、パンジーは「思い出」をあらわす。新潟地方ではスミレを神知り花というが[03]、いわれはわからない。花をひっぱりあう「花すもう」のような神事があって、神の意志をうらなったのだろうか。

フランスの村ボトメルに、まわりにパンジーがいっぱい咲いている泉があり、恋人たちがやってくる。ふたりが摘んだパンジーがまったく同じ模様だったら、ふたりはしあわせになる。すこし模様がちがっていたらお互いに浮気をする。相手の浮気をうたがったら、パンジーの葉を摘んで枕の下にいれておくと、浮気の状況を寝言でべらべらしゃべる[04]。

レヴィ＝ストロース
『野生の思考』(1962年)

サンザシ

マリアの木で、聖母像がよくサンザシの繁みでみつかる。また聖母がこの木のしたで寝たことからサンザシには雷が落ちないという。そこで、この木の枝を屋根の上に立てたり、帽子に挿したりして雷よけにする。神話ではニンフのカルナがヤヌス神に身をまかせたとき、神からサンザシの枝を与えられ、扉や窓からあらゆる災いを刺す遠ざける霊能を与えられた。以来、戸口、蝶番《ちょうつがい》、そして一年のはじめの日の神とされた。アリマテアのヨセフがクリスマスの前夜、山上で杖を地面に突き刺したところ花をつけたサンザシがそこから生え出てきた。ノルマンディでは初子が生まれると戸口にサンザシを植える。ゲルマン民族は火葬にあたってサンザシを火にくべて、死者の国への旅立ちを確実にした。

フランスの革命暦ではフロレアル月四日。プルーストにサンザシをめぐる文章があることはよく知られている。コンブレーにサンザシが花をいっぱいにつける茂みがあり、そこへゆくと不思議な感覚に揺すぶられるというのである。事実、サンザシの香りは性感をかきたてるようである。と同時にサンザシは聖母の木ともいわれ、純潔をあらわすユリの花でもおなじだが、純潔と淫欲とが色と香りにおいて通じ合うのである。

セイヨウサンザシの花（『フランスの植物図集』1891年より）

ヨモギ

ヨモギは分娩を楽にする。利尿作用がある。生理痛を軽減する。蛇や狂犬の咬み傷を治す。日本でも山姥など邪悪なものを遠ざけるといい、五月の節句に菖蒲とともに魔よけに使われる。

フランスでは呪いをかけられて不能におちいったとき、ヨモギを樫のヤドリギと一緒に首に巻くと呪いがとけるという[05]。アルテミスがヨモギの効用をみつけたので、アルテミシアという。

フランスの革命暦ではテルミドール月（七〜八月）の七日を「ヨモギの日」としていた。花ではないが、花束のかわりに人を訪ねるときに持ってゆく。「変わらぬ愛情」をあらわすという。

中国では「桑蓬の志」といい、男児の活躍を祈ってクワの弓とヨモギの矢で天地四方を射た[06]。

朝鮮では雌熊がヨモギとニンニクだけで百日、洞穴にこもって人間の女になり、天帝の息子と結ばれて、建国始祖の檀君を生む。

ヨモギ（マグワート、『イギリス植物誌』1901 年より）

ミルテ

ミルテはアプロディテの木である。女神が海の泡から生まれたとき、フロラが花の衣をかけてくれたが、それまでミルテの繁みのかげにかくれていたという。女神に何であれ、祈願をして、それが聞き届けられたときは、ミルテの枝があらわれるという。天人花とも銀梅花ともいう。アルハンブラのミルテのパティオが名高い。多田智満子『花の神話学』では「葬儀に欠かせぬ植物で、死者の頭をその枝でまいたり」するという。またヘルメス像がいつもミルテでおおわれているという。グベルナティスによると、エレウシス秘儀の入信者はミルテの冠をかぶっていた。ドイツではグベルナティスのころでも花嫁はミルテの冠をした。

クールズ『ファロスの王国』によると、ミルテは女性性器をあらわす。ミルテの実はクリトリスであるという。これはいささかぴんとこないたとえだが、ミルテというより銀梅花といえば、なんとなくイメージは近くなるかもしれない。さらに花の形の似ているヒペリカムあたりから想像すれば金色のめしべが風にそよぐ風情は金髪の秘毛を思わせる。ネルヴァルのソネット「ミルト」はミルテをうたう。また「デルフィカ」では、「シカモアの根方や、白い月桂樹の下、オリーブやミルテや震える柳の木の下で、いつもくりかえされる愛の歌」と歌う。

フランスの革命暦ではテルミドール月（七〜八月）二十六日。

ピエロ・ディ・コジモ《アプロディテとアレスとエロス》1505年頃　ベルリン国立美術館（上＝背景に描かれたミルテ）

シダ

セビヨによると、シダは夏至（聖ヨハネの日）と結びついている。この日の前夜に花が咲き、種ができる。それが地面に落ちる前に拾い集めれば特別な霊能を与えられる。好きなところへ飛んでいったり、宝のありかを突き止めたりする。グベルナティスによると、姿を見えなくすることもできるという。ワルプルギスの魔女たちがそれを使って集まる。逆にその種が落ちるのに気が付かない人は道に迷う。そこでシダは魔女たちの草とも呼ばれる。もっともこれらの効能はシダの花が咲いている間だけで、秘密を察知したり予言をしたりするのもその間だけである。ただし、本来のシダは花を咲かせない非種子植物である。ロシアで語られていた伝承では、聖ヨハネの前夜は白いナプキンと十字架と聖書とコップ一杯の水と時計をもって、森のシダが生えているところへいって、そこに十字架で大きな円を描き、ナプキンをひろげ、その上に十字架と聖書とコップの水を置き、時計をみつめる。零時になるとシダの花が開く。それを見るものは同時に不思議な光学現象を見る。太陽が三つ輝き、隠されている秘密を照らし出す。云々」。ほかの伝承でも聖ヨハネの夜、シダが花開くときは不思議な光が見えるという。なおスキナーは、これをクリスマスの夜としている。

シダの花や種は実在しない幻だが、シダの一種、ウラジロをしめ飾りにつけるのは、「うしろぐらいところがない」ことをあらわすというのは、なんとなく面白い。シダはフランスの革命暦ではフロレアル月（四～五月）三日にあたる。

「ウェヌスの髪」「聖母マリアの髪」とも呼ばれるシダ、アジアンタム（『イギリス植物誌』1901年より）

ヒナゲシ

ポピー、コクリコ、虞美人草《ぐびじんそう》ともいう。ヨーロッパの麦畑には一面にヒナゲシが咲きほこっていたが、農薬のせいで麦畑には見られなくなった。モネの名作《ヒナゲシ》も幻の花の絵になるだろう。道端に残っているものも花は小さく、色もあせた感じになった。一方、血の海となった戦場では、翌年、真っ赤なヒナゲシが一面に咲くともいい、これはいままで語られている。それをうけてかどうか英語圏ではヒナゲシが戦死者の思い出とされる。なお戦場にヒナゲシが咲いた例はナポレオン戦争のときから証言されている。

穀物の母としてのデメテルが穂束とケシの花を手に持つ姿であらわされる。麦畑にヒナゲシが咲き乱

麦とケシを持つデメテル（ローマ、テルメ博物館）

れていたころは、小麦の神デメテルにヒナゲシを捧げた。また、娘のペルセポネをさがして地上をさまよっていたとき、野原に咲くヒナゲシのにおいをかいで、疲れを忘れたともいう。ヒナゲシは眠りの女神モルフェウスの花である。

虞美人草というのは、敵に囲まれて時に利あらずと自決した項羽とその愛妾虞美人の名からきている。

宮沢賢治に『ひのきとひなげし』がある。

クロード・モネ《アルジャントゥイユのヒナゲシ》1873年　パリ、オルセー美術館

ナデシコ

フランスではナデシコの花束を病室にいっぱいに飾っておくと回復が早いという。学名ディアンツス。日本では大和撫子または石竹。瞿麦とも書く。

野辺みれば瞿麦の花咲にけり
　わがまつ秋は近づくらしも　　西行

カーネーションもナデシコの一種で、これが母の日の花になったのは近年である。もとはゼウスの花だった。また、愛の成就しなかった恋人の墓に生えるともいう。ノンノスの伝える神話ではリュディアの人が蛇に咬まれたのを助けようと、その妹モリアが巨人にすがると、巨人は樫の木をねこそぎにして蛇をたたいた。するとメス蛇があらわれて、森からナデシコをとってきて死んだ蛇の鼻にあてがって蘇生させた。モリアもおなじにして兄を生き返らせた。

イタリアのロンセッコ家の紋章はカーネーションである。この家の娘と結ばれたとある騎士が十字軍に赴いて戦死したことを忘れないためで、というのも娘にわたされたカーネーションの花が戦死の知らせにそえられていたのである。

母の日にカーネーションを贈るのは、南北戦争の際、博愛主義の活動をしていたアン・ジャービスを記念して、その命日に平和の催しが開かれ、参加者に白いカーネーションが配られたのがはじまりという。

ポルトガルでは一九七四年カーネーション革命がサラザール体制をくつがえした。フランスでも五月一日にスズランの代わりに赤いカーネーションをボタン穴にさして行進に参加する人がいる。一八九〇年の労働者の決起集会以来の風習である。

演劇（とくにフランス）の世界では女優にカーネーションを捧げてはいけない。かつて座主が契約を更新する女優にバラを、契約打ち切りの女優にカーネーションを渡したことによる。

アメリカのノーザン・パシフィック鉄道が作成した白いカーネーションをあしらった母の日のポストカード（1915 年）

カーネーション革命当時の壁画。兵士たちは銃口にカーネーションを挿し、市民もカーネーションを抱えて祝ったことがこの名の由来とされる。

サフラン

学名は*Crocus sativus*、泊夫藍と書く。黄色の香料で、パエリアを作るのに欠かせない。性欲亢進機能もある。クロクスはヘルメスの寵愛の息子だったが、鉄輪投げで誤って父が子を殺してしまった。ヘルメスは子の死体にネクタルをそそぎ、サフランに変えた。

オウィディウスでは、クロクスは羊飼いで、ニンフのスミラックスに恋していたが、二人の愛は神々の認めるところとならず、クロクスは絶望のあまり死んで、サフランになった。これはフロラのおぼしめしだったという。秦寛博の『花の神話』ではクロッカスは医師だったことになっている。さる娘と相思相愛の仲となるが、母親に許されず、密会をしているところを母親に射殺される。ウェヌスがそれを憐れんでサフランにした。同じ本でバグダッドの王の話として、高価な首飾りを物乞いに与えてしまった妃が王によって手を切られて追放された件りが述べられる。この

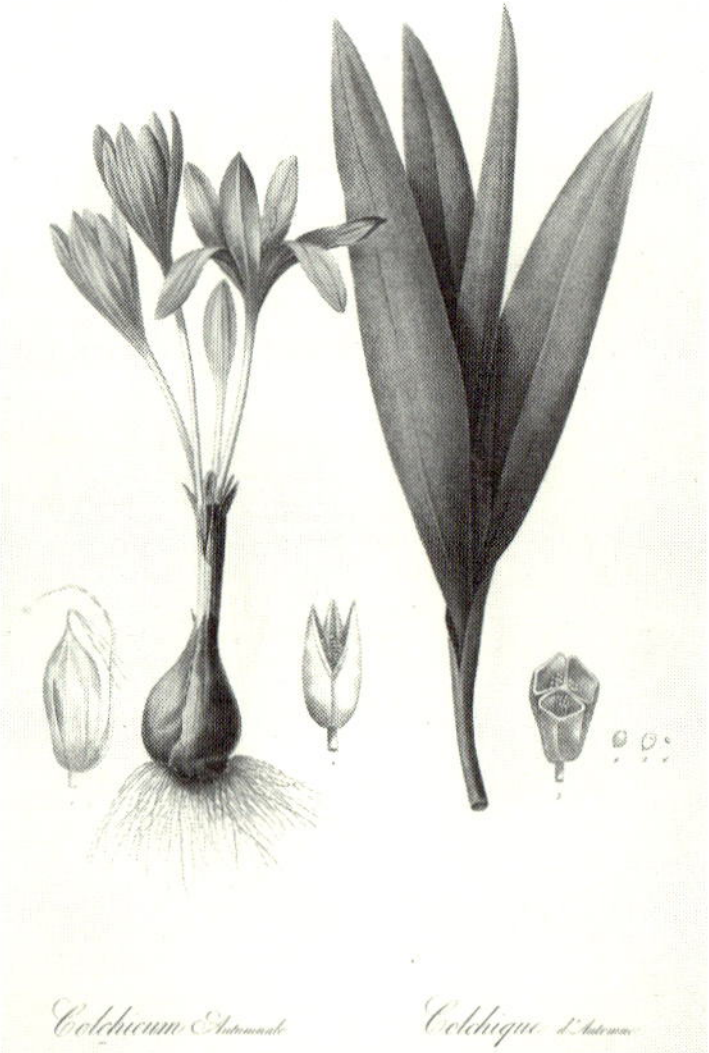

イヌサフラン（ルドゥーテ『ユリ科図譜』1805-16年より）

サフラン（ルドゥーテ『美花選』1833年より）

女が富裕な外国の商人にのぞまれて再婚するにあたって、神に祈ると、ムハンマドがあらわれて手をもとどおりにし、その頭に薫り高いサフランを咲き出させた。

イヌサフランについてはアポリネールの詩（後出）が名高いが、別種（*Colchicum autumnale*）である。クロッカスといったときはハナサフランを指すことが多い。サフランは秋に開花、クロッカスは春咲き。

エーゲ海のサントリーニ島で発掘された「サフランを摘む少女」の壁画（前1500年代後半）

プリムラ

英国ではプリムローズ、フランスではプリムヴェール（プリマヴェラ）という。とくに英国で育種改良され無数の品種がでまわっている。日本ではサクラソウというが、おなじ名前で様々な野草が名ざされる。英国ではディズレリーが愛して、四月十九日を「プリムローズ・デー」としたとスキナーにある。フランスでは革命暦ジェルミナル月一日がプリムラの日とされた。おなじスキナーがギリシャ神話を紹介している。フロラが男根神プリアポスとまじわって生んだパラリソスが、失恋の悲しみにたえかねて死んだあと、神々の手でプリムラに変えられたというのである。プリアポスについては、眠っているロティスを手籠めにしようとしたときロバがないて邪魔をされた話がある。ロティスはプリアポスから逃れるためにロートスになった。フロラはニンフのクロリスが西風ゼピュロスにさらわれて変成した花の女神で、ボッティチェルリの《プリマヴェラ》に描かれている。この絵の題名はフランス語ではプリムラと同じである。

美術の世界の草木◆一

◎サンドロ=ボッティチェルリ《プリマヴェラ》一四七八年頃
フィレンツェ、ウフィッツィ美術館

これは美術史上、もっとも華やかな絵である。ここでは花は百種類描きわけられているという。果樹はオレンジのようだが、様式化されていて特定の果実であるようにはみえない。なんともわからない黄金色の果実である。果実はふつう実りの秋をあらわすが、オレンジであればむかしは六月七月の夏の季節だったろう。最近は品種にもよるが、冬の十二月一月に収穫されるものが多い。花のほうは百種類もあるとすれば一般的な野草の平均的開花期として春とせざるをえない。プリマヴェラという題からすれば春だが、果実は秋から冬で、むしろ季節のめぐりあいをあらわしているともみえる。描かれた人物ごとに二月から九月までをあらわしているという説もあるが、一般にはウェヌス（アプロディテ）が美の三女神と、花の女神フロラを従えており、画面ではフロラの前身であるニンフのクロリスの状態から描いているとされる。クロリスは西風ゼピュロスにとらえられてフロラに変身するといわれる。しかし季節の女神ホーライをこのなかにみとめる説もあり、クロリスが透き通った白い衣をまとっているのとおなじく三女神も白い衣をまとっているのを非現実の存在をあらわすとみると、ここには左の端のヘルメスとウェヌス、それにフロラないしホーライ、それに空中のクピドしかいないことになる。[07] ホーライのひとりがゼピュロスとのあいだに果実を生むという伝承もある。ゼピュロスはどちらにしても変身や果実への転換をもたらす見えない要素として青ざめた影のように描かれている。三女神がホーライであれば、春夏秋をあらわしており、花と果実が季節の循環をあらわしてもいるだろう。そしてその先は年を重ねた果ての死で、ヘルメスがその杖で指し示しているのは西の空の死者の国にちがいない。オレンジの森でのクロリスやホーライたちとゼピュロスとの愛のたわむれを目隠しをしたクピドが取り仕切り、アプロ

ディテが見守っている。そして愛の戯れの後は死の世界へヘルメスが案内しようとしている。クピドの愛の矢にしても目隠しをしての弓射で、何らかの倫理的判断によって二人の恋人の仲をとりもとうというようなものではなく、まったく無責任なあてずっぽうなものである。ゼピュロスも誘惑した相手に忠実に愛をつらぬくつもりなど初めからこれっぽっちもない。アプロディテもそれら木の下かげの恋の遊楽をそそのかしこそすれ、コントロールしようとはしない。クピドの矢にさえ、親子ともども無責任をきめこんでいる。恋のたわむれがおわったカップルからすぐにも西の死者の世界へ導いていこうとするヘルメスだけがまじめに役を果たしている。そしてそのような万物の生々流転をつかさどるのは季節の女神で、そのひとつの相が「プリマヴェラ」であり、すなわち春、万物がよみがえり、花咲く草木のにぎわう季節である。そしてそこには取入れと死の季節である秋も予告されている。

◎オディロン・ルドン《沼の花、悲しげな人間の顔》
石版画　一八八五年

どこにもない花ではルドンに「顔の花」、「目玉の花」、「ピエロの花」がある。

ルドンには《ヴィーナスの誕生》などの名作があり、目玉や、この顔の花は、単なる思い付きとみなされがちだが、一度みたら忘れられない。ピエロの顔なら、フランス美術ではワトーの《ジル》もある。フュナンビュール座のピエロ（ドビュロー）も人生の哀歓を伝えるが、男女の淫楽をのみ追求したとも思われがちなフランス文学、あるいはフランス美術でも、「悲しみ」を追求した傑作がある。ゴーギャンの作品につきまとう悲哀の陰も人生の悲哀を知りつくした芸術家にしてはじめて描けた人間的感情だろう。ルドンは花も描いた。一見華麗な花束にそれを見つめる芸術家の悲しみがないかどうか。彼の花がもっている、なにか訴えかけてくるものこそ、生きることの悲しみではないだろうか。

ほかに「子供の顔をした花」もある。また粟津則雄はルドンにおける樹木の重要性を指摘する。[80] たとえば《再誕》では木のなかからの誕生が描かれている。

III 樹木の民俗

民間の習俗や信仰における樹木はクリスマスツリーであり、門松であり、あるいは七夕の竹であり、おみくじを結びつけた天神の梅だったり、いずれもいまは正統的な信仰の教義からは異端視されているものの、古代の樹木信仰からきているのはあきらかである。あるいは諏訪の御柱は枝葉をつけない「柱」だが、山から切り出してきたばかりの、切れば樹液がしみだすようなもので、石柱で替え得るものではなく、もちろんコンクリートでも鉄の柱でも代用にはならない。樹木信仰でもないし、世界樹でもないのだが、生きた柱で、であればこそ七年ごとに立て替えるのである。ザクセンのイルミンスルはこれに似たものだった。これは「大いなる柱」という意味のザクセン族の信仰。多くはトネリコの柱で、彫刻をしたものもあった。古代ゲルマン人は「トールの柱」と呼んで、トール神をあらわすものとした。ロドルフ・フォン・フルダによれば古名は「世界の柱」だった。いずれも八世紀までで、七七二年に、バブルボルヌのエレスブルグ城のかたわらに立っていた柱をシャルルマーニュ（カール大帝）が打倒したのが最後という。

シャルルマーニュによるイルミンスルの破壊（ハインリッヒ・ロイテマン画　1882年）

五月の木

五月の木というと英語圏のメイポールが思い出される。広場にポールを立てて、それに紅白のリボンを巻きつけ、そのはしをそれぞれ若者たちがもって輪になって踊る。ところがヨーロッパでも大陸の方では五月の木といえば、自然の枝葉のついた木で、場合によっては根もついたもので、そのまわりでロンドを踊るのはすくなくともすこし前までの風俗だったが、ポールにゆわえたリボンをもってというのは英語圏だけのようだ。またその機能も春の復活を祝うより、ときに政治的なものであったりするのは、五月一日自体がメイデーとして労働者の祝日になっていて、国によってははなはだしく政治的なマニフェストの機会になるのと同じといってもいい。とくにフランスではフランス革命のときに五月の木を切ってきて広場や城の前に立て、そこに人形を吊したり、プラカードを打ちつけたりしたのだが、もちろん政治的なもので、革命政府が排撃した貴族階級の特権をはく奪することを目的としたものだった。おおくの貴族は城も財産もほったらかして外国へ亡命したものだが、田舎ではここまでは追撃の手が及ぶまいと高をくくっていた旧貴族があちこちにひそんでいて、そんな貴族の城館の前にこの「自由の木」を立てて、城主をかたどった人形を吊したり、土地や森林に対する貴族の特権を攻撃する文言をプラカードに書いて木にかかげたりしたのであ

英国で19世紀に再現されたヘンリー8世時代の五月祭

る。森の木を切ってくること自体、革命前には不可能で、木を切れば首を切られたのである。フランス中いたるところにこの「自由の木」が立てられた。市民の権力の象徴で、それが今日では春におこなわれる総選挙で選ばれた議員の家の前に、これは支持者たちが立てる「選良の五月樹」で、当選記念樹のようなものが立てられる。かつて、貴族階級が独占していた立法権を市民が獲得した記念だといえばそうかもしれないと思われる。日本では卒業記念樹などがみられるが、フランス革命のなごり、あるいは思い出だといえば、ただの記念樹ではないことになる。フランスではそのほかに、より古い習慣の残存としての「本来の」五月の木もあり、これは木というより枝が多いのだが、若者たちの祭りで、森で枝を切りとってきてお目当ての娘の家の戸口に五月一日の朝ないし未明に打ちつけてくる。その枝に名前を書いておけばプロポーズになるが、木の種類によっては名をしるさなくともだれのものかわかることもあり、サパン青年はその名のしめす樅《モミ》（サパン）をお目当ての娘の家の戸口に打ちつける。ただし、土地によっては樅の木

フランスの五月の木（ジャン＝バティスト・パテル画　18世紀初期　モスクワ、プーシキン美術館）

を避けるところもあり、若者たちに目もくれない高慢な娘のところに樅の枝をもっていけば、高慢娘という非難の意味になったりする。

　この五月の木については、ファン・ヘネップは昔は樹木霊信仰のあらわれであり、のちには全身に木の枝をまとい

つけたグリーンマンが棍棒をかついで行進したりする森の祭りだったろうという。それが市民の政治参加を祝う象徴になり、あるいは若者たちの求婚競争になったりしたとしても、本来の植物霊の祝いとしてはむしろ花の祭りである五月の女王の祭りに移行したともみられる。花の女王は今ならミスコンテストになるだろうが、すこし前まではもっと民主的で一四、五歳の娘たちが花の乙女として指名されると、みな純白の衣に花の冠をかぶって集まり、そのなかの最年長、あるいは最年少のものが「女王」になって、彼女を先頭に家々をまわってお菓子や小遣いをねだる祭りになった。あるいは山車に乗ってパレードをする場合はその山車に花束を満載し、弓の競技などで選ばれた弓の王と手をくんで乗っていったりする。そしてこの山車を牽くのが色とりどりのリボンで、それを花の乙女たちが引くのである。ネルヴァルの『シルヴィ』にこの花の祭りが描かれる（文学の項参照）。ネルヴァルはこれをドルイドの昔から代々続いてきた祭りとし、村と森のあわいに笛太鼓の音が響くという。五月柱はでないが、弓の王の競技は語られる。高い柱の先端に「鳥」あるいは「花束」をつけて、それを射落としたものが「王」になり、花の女王と結ばれる。弓の王と花の女王の「婚礼」が祝われる場合もある。

クロード・セニョールほか『パリ近郊の民間伝承』によると、「五月柱」はむしろ「五月の枝」で、若者たちはお目当ての娘の家の扉に花束を、風紀の悪い娘のところへは野菜を置いてくるという。樹木の場合は枝で、樅は売女を意味し、樫は口説き落とすのに時間がかかる女をさし、シラカバはまだ子供という意味。クマシデとリラをリボンで巻いたものはまじめな交際をのぞんでいる意思表示だという。樅とニンジンは尻軽娘にといい、サンザシも尻軽だが、地域によっては逆で、、樅やサンザシがもっとも伝統的であったりする。

谷口幸男『仮面と祝祭』にはドイツの例があがっている。南ドイツのシュトッカッハでは大木が仮面行列とともに立てられた。チロルのフィスのブロッホティーエンでは「丸太引き」といい、ファスナハト（カーニバル）の数日前に松を切ってきて、鋤に見立てて、畑でひく、魔女その他、

ドイツ、バイエルン地方の五月柱

仮面と変装の男たちと、熊と苔男（山男）が大騒ぎをしながらそりにのせて村を練り歩く。オーバーバイエルンのミュンヘンの南では五月の木が今でも盛んにおこなわれる。柱の先端に緑の葉のリングをつける。村同士で柱盗み、柱戦争がおこなわれ、盗んだほうは二〇〇リッターのビールなどで弁償したりする。ウンターブルンはもっとも多くの柱を盗んだ村だといわれる。上棟式の葉飾りも五月柱の一種とみられる。スウェーデンでは夏至の日に五月祭をおこなう。夏至の花嫁が選ばれ、自分で花婿を選ぶ。五月柱を立て、子供たちの模擬結婚式もおこなわれる。

ギリシャでは収穫前のタルゲリア祭でエイレシオネとよばれる枝を信者が手に手にもって祭りに参加する。これが生命と豊穣をもたらすと信じられていた。

現代の収穫習俗でも果実や葡萄酒や油の小瓶が吊されたオリーブの枝が持ち運ばれ、家の前にとりつけられる。一年間はそこに残しておき、その後あたらしいものに取り換えられる。[10]

チャペルの木

フランスのサン・カンタンのアルーヴィルに有名な「木のなかのチャペル」がある。千年以上たった大木で十七世紀にある司祭が祭壇をしつらえてチャペルにした。しかし上のほうにもそのまわりには幹をとりまくようにらせん階段がつけられ、二階の隠者の部屋に入れるようになっている。革命のときには伐採されようとしたが、村の教師が「理性の神殿」という看板をかけて助かった。時は「理性」崇拝一辺倒だったのである。ナポレオン三世の妃ウジェニーは黄金の聖母像をここに寄贈し、いまは史的歴史建造物の指定をうけて保存活動がされている。似たようなものがベルギーのリエージュにもあり、アルーヴィルと姉妹協定を結んでいる。またスイスのボッス・ド・シャチヨンにもある。なお、近年の流行で巨木の上に建物をのせて、宿泊施設にしたものがあるが、これは古代の樹木信仰とは関係がないし、樹木のうろのなかの居住施設ではない。

本来の信仰のなごりとしては木のうろに聖母を祀るもので、これは市街地でも建物の壁や角に壁龕《へきがん》をつくってそこに聖母像を安置しているのと同じものだが、樹木の場合はうろが木の成長とともにせばまって聖母像がとりだせなく

上：アルーヴィルの「木のなかのチャペル」
右：ラ・エ＝ド＝ルト（フランス）のチャペルの木

なったものもある。タイのアユタヤで木の根に仏頭がくいこんでいるものがあるが、ヨーロッパではもともと聖母が宿った木だという信仰があるものが多い。サンザシに多いが、聖母像が木のなかにあるのを見つけて、教会へもっていって祀っていると、夜になると像がみえなくなり、もとのサンザシのところに戻っているので、そこにチャペルを建てて祀ることにしたという例が各地にある。「サンザシの聖母」である。ノディエに同名の短編がある。日本では小豆島《しょうどしま》の宝生院の真柏《シンパク》の根方にちいさな社がはめこまれている例などがある。あるいは愛宕山の山頂ちかくにある大杉大神は杉のうろに社が祀られている。

　これらは聖母を祀るにしろ、幼子を祀るにしろ、「包まれた神格」の祭祀である。胞衣《えな》に包まれた英雄の誕生と同じものである。

釘の木

　ベルギーのエルシーなど、各地にみられる民間習俗で、樹木の幹に太い釘が無数に打ちつけられている。歯痛などをやわらげるために患部にあてがった釘を木に打ちつけると木がその痛みをひきうけてくれる。痛みの移転（トランスファー）といい、フランスでもアン県のダグーには、霊験あらたかという評判の木があって、釘がいっぱい打ちつけてあるが、ところによっては、治療師が特定の木をかかえていて、患者をそこへつれていって釘を打つこともある。釘打ちではなく、ナイフで幹に切れ目を入れる場合もあれば、ひもで木にゆわえつけて風邪などを治すものもある。ベリーではポプラの木に夜明け前にやってきて、切れ目を入れ、そこへ爪の切れ端をつめてあとをふさぐと熱がとれるという。セビヨの『フランス・フォークロア』にある。「布切れの木」は、それと同じものとも違うともいわれるが、患部をおっていた衣類の切れ端を打ちつけて病気を木に転移させる例もあり、ありとあらゆるぼろ布がぶらさがった木がみうけられる。たとえばピカルディのセナルポンの聖クロードの木がその例である。ただしこれらの「呪術」は、それをおこなっているところを人に見られたら効果がないという。また、患者の手と木の幹をひもで結んだ場合、まずだれにも見られない夜明けでなければならないが、さらに、特定の呪文をとなえなければ病気は治らない。たとえば「熱よ熱よ、そこにいな、今度むかえにくるまで」などという呪文を三回となえる。効果がでたときは患者は治るのに対し、木のほうは枯死する。特定の木でない場合は、

エルシー（ベルギー）の釘の木

セナルポン（フランス）の聖クロードの木

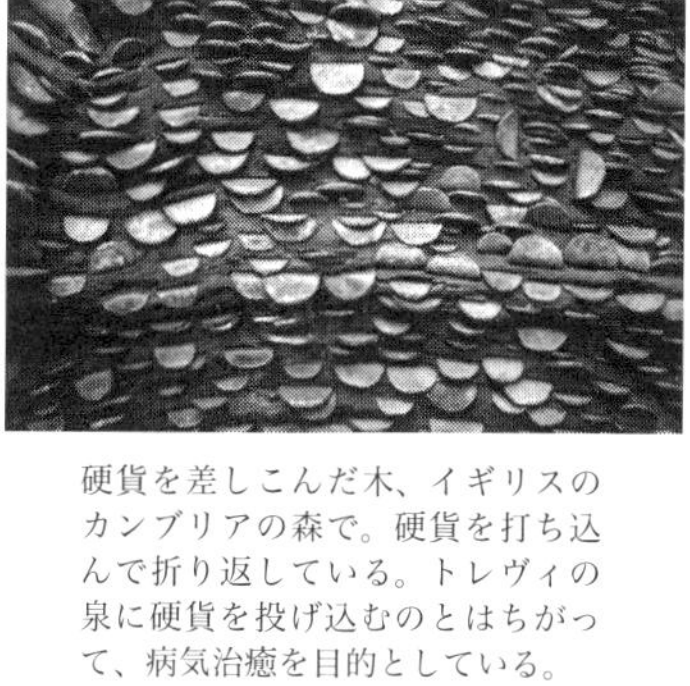

硬貨を差しこんだ木、イギリスのカンブリアの森で。硬貨を打ち込んで折り返している。トレヴィの泉に硬貨を投げ込むのとはちがって、病気治癒を目的としている。

その家の庭木、あるいは果樹園の木を犠牲にする。木への病気の転移にはわらしべが使われることも多く、人の頭の位置にわらしべを巻いた果樹をよくみかけるともいう。

釘打ちは病気の「転移」のためだけではなく、結婚祈願などでもみられた。いずれにしても、何らかの祈願、あるいはお礼の際に釘を打つ習慣がみられる。ただしフランスでも南方では石や泉への祈願が多いのに対し、樹木信仰は北方が多く、ヨーロッパ全体でもドイツなどに多くみられる。セビヨがあげた資料では一八五四年に出されたオワーズ県考古学調査によると、同県では二五三の樹木信仰の事例がみられたという。内訳はニレが七四、樫が　二七、サンザシ二四などである。そしてその多くが釘をいっぱいに打たれている。またセビヨの説明では大工や指物師などの見習い修行者たちがそこをとおるたびに釘を打っていったのが風習の起こりだという。大工組合などでは見習いが徒弟になるまでにフランス一周の修行の旅を義務付けられていたのである。その見習いたちがフランス一周の途中、いくつかの目印の木の下を通るたびに釘を打っていったのだ。また、戦争の際に出征兵たちが村境で木に釘を打ち、家族などとその木のしたで、別れの接吻をした。

なお釘を打った木で有名なのはウィーンのシュトック・イム・アイゼンで、十五世紀に伐採されたトウヒの二メートルほどの幹にさまざまな祈願をかけ、成就したときに釘を打ったものとされているが、十九世紀中頃にはもう釘を打つ余地がなかったという。

街角に保存されているシュトック・イム・アイゼン（ウィーン）の釘の木

癒しの木

釘打ちや布切れ打ちだけではなく、民間療法で樹木が使われる例では精神疾患を菩提樹が治すという信仰があり、精神病院に菩提樹が植えられていて、その木の下で医者と患者が会話をしたりした例が知られている。また菩提樹にゆわえつけた紐を持ってまるでメイポールのようにそのまわりで踊る場合もあったようである。一般に中世から菩提樹には治療効果があるとされていて、施療院などにはよく菩提樹が植えられていたとミッシェル・パストローが言っている。[02]菩提樹からは事実、精神の興奮を鎮める効果のある成分が分泌されるといわれる。すくなくとも菩提樹の葉を煎じたお茶は気持ちを落ち着かせる。パストローによれば柳の樹皮も治癒効果があるという。

ほかに、生まれつき障害のある子供を木のうろにいれると障害がとりのぞかれるという例があり、ヘルニアの場合はふたつに裂いた木のあいだを通すと治るといわれた。なおこの施術をおこなったあとは木をもとどおりに合わせ、しっかりとしばって、密着するようにしなければならない。あるいは二本、ないし三本の木が密着して生えている場合、その木の間をとおるのでもいい。[03]

癒しとはいささか異なるが、子宝祈願でその木のこぶのようなところに尻をこすりつけるとか、木のまわりを三回まわるなどというまじないがおこなわれていた例は各地にある。日本では乳銀杏などといって、その木に祈願をすると乳がでる木がある。[04]乳房の形につくったぬいぐるみなどが打ちつけられている。ヨーロッパでも癒しの木にはお礼の奉納物がぶらさげられる。釘の木とは同じようでも、治癒後の奉納であれば異なっている。なおもうひとつ、呪いの木などがあって、女の髪などが打ちつけてあったりする。これは相手を呪い殺すためで、お礼の奉納ではない。釘だけであれば治癒祈願、松葉杖などであれば、治っていらなくなった松葉杖を奉納しているので、お礼の奉納であり、人形などであれば呪詛であろう。

フランスのコート・ドール県では、初子が男の子だとクルミを植えた。ノルマンディでは男女を問わず、サンザシを戸口に植えた。また、その子供が病気になったりすると、その誕生木が枯れるといわれた。誕生木、すなわち分身樹だった。

カラントワールのタンプル村には「自由の樫」という大木があり、ここにやってきて幹に抱きつくと、罪のいかんにかかわらず許されるという[05]。

命の木

もちろんエデンの園の木で、禁じられていた知恵の木ではないもう一本の木である。一般に豊穣の木とされ、図像ではイチジクのようにみえる。が、イエス＝キリストやマリアや父なる神をそれぞれの枝のさきに配置した家系樹のようなものも生命の木とされる。生命の木があれば死の木もあっていい。エデンの園にはないが、致死性の毒をもったイチイなどが死の木といわれる。クリスマスツリーもそ

キリストがエッサイの家系であることを示す「エッサイの木」（14 世紀の写本）

れぞれもっともらしい説明があるが、本来は誕生木であろう。春の復活を祝う五月の木と対応させることもあるが、クリスマスの木としてはこの時期に燃す薪もある。フランスなどではビュッシュ・ド・ノエルといって薪型のロールケーキを食べる。もとは本物の薪で、森へいって公現祭までの十二夜のあいだもつ大きな薪を拾ってきて、十二夜燃しつづけた。北欧ではヨル（またはユル。ユルブロック）といい、暖炉に入れてゆっくりと燃す丸太である。これを薪だけではなく、クリスマスそのもののこととしてもいうので、これが本来のクリスマスツリーであろうと思われる。それが薪型のケーキになったり、枝葉のついた木になったりして、木の場合は五月の木に近くなるが、キリストの生

エデンの園の生命の木（手前右）はイチジクとして描かれる（J.J. ショイヒツァー『神聖自然学』1728 年）

ウラルトゥ王国の生命の木（紀元前 9-6 世紀頃）

誕を祝うものであろう。

不死の木の神話も命の木の神話に入れていいだろう。日本の「時じくの香《かく》の木の実」も命の木の実を探しにいった物語と同じで、不死の木の実が海のかなたにあるという神話は世界的にひろまっている。

ほかに墓の上に植えられた木も死者の命を永続させる思想においては、ひとつの命の木である。たとえば岐阜の加《か》子母《しも》の大杉は文覚上人が行倒れたのを埋めた上に植えた杉という。

石橋山の合戦にやぶれた頼朝は逃れる途中、伏木のほらにはいって隠れた。景時がほらの中をさぐって、頼朝と目があったが、助命を決意した。同様な話が聖徳太子についても語られる。

日本では蹴鞠の精が木に宿っているという思想がある。成通という蹴鞠の達人をふまえて、中沢新一が『精霊の王』で次のように述べている。

「蹴鞠が行われる庭には、根付きのまま植えられた松、桜、楓、柳などの樹木が必要である。そのわけは、守宮神でもある蹴鞠の精は、いつもは林の中の樹木を住処としているが、人がまりをけり始めたのがわかると、枝をつたってするすると蹴鞠の庭にやってきて、まりの蹴り上げられている空間にふうわりと降りてくる」。

蹴鞠の精は森の精であり、宿神・守宮神と呼ばれるものと同じで、傀儡や、森の漂泊民など「化外の民」を守る神である。森は河原などと同じく、都市や農村の欄外にひろがる「域外の世界」である。

「守宮神が樹木に住み着いている精霊であり、人に憑くときはその樹木から降りてくる」。

「木は鞠を思う。まりは木を思う（成通）」。樹木が彼らの生活を守り、彼らの文化を象徴する。

守宮神が支配する「柔らかく振動する空間は、蹴鞠の庭の樹木をとおして、背後の森につながっている」。

五木寛之『風の王国』の主人公は次のように思う。「自分がいま孤独ではないことを、暗い大きな森のなかの一本の樹として立っていることを、（……）考えた」。森の中を風のように走る人々に属している帰属意識である。彼らの神も蹴鞠の精の同族で、宿神あるいは摩多羅神とも呼ばれるのかもしれない。いずれも森の精なのである。

生命の樹（グスタフ・クリムト画
1905-09年　オーストリア工芸美術館）

首吊りの木・吊し首の木

ユダが首を吊ったのはブドウの木とも、イチジクの木とも、イチジクグワともいう。定説はない。それに対して宗教戦争のころ、敵の農民たちを吊した木が各地にあり、カロの版画でも知られている。もうひとつはユグドラシルの項で記したように、オーディンが十日間吊されていた木もある。

ブドウの木についてはノンノスの『ディオニュソス譚』をドゥティエンヌが略述している。ある日、上空から神々の血の一滴が地上に降ってきた。森のまん中でその地から芽を出した一本の灌木にはつる状の茎があり、巻きひげと枝がついている。（……）ディオニュソスがそれに出会い、そこに、レアの神託によって告知された、ブドウの房をみとめた。

牝犬は仔犬のかわりに一片の木を産み落とした。オレステウスがそれを地中に埋めさせると、そこから最初のブドウの木の株が出てくる。刈りこんだり、剪定したりする役目を果たすのはロバである。

ケレイニーがそれを補足して繰り返す。ある日、上空から神々の血の一滴が地上に降ってきた。（……）その地から芽を出した一本の灌木にはつる状の茎があり、巻きひげと枝がついている。（……）ディオニュソスが、そこに、（……）ブドウの房をみとめた。

（そこで）岩の底をほり、ブドウをつみあげ、ふみつぶした。牛の角でブドウ汁の泡を汲んだ。

おなじくケレイニーによれば、ブドウの木の発見はオリオンの犬に関係していた。狩人（オリオン）は自分の息子を「植えるもの」ピュティオスと名付けた。その息子がオイネウスで、ブドウの木オイネーにちなんで名付けられた。オイネウスにブドウ酒造りを教えたのはディオニュソスだが、アテナイではイカリオスに酒造りを教えた。イカリオスができた酒を村人にふるまうと、飲んだことのない酒に一同すっかり酔っ払い、毒をもられたと思ってイカリオスをたたき殺した。なかなか帰ってこない父親を娘のエリゴネが犬をつれてさがしにくると、犬が、イカリオスを埋めたところをかぎつけた。エリゴネは絶望して首を吊って死んだ。ディオニュソスはそれを知って、アテナイの女たちをみんな狂わせ、ブドウの木にくびれて死なせた。ブドウの木は「首吊りの木」になったのである。

ヴォージュ地方のブレッスには裁きの木があり大革命まではその木のしたで裁

ジャック・カロ「戦争の惨禍」1633 年

きがおこなわれた。なんらかの係争があるとその木の右側と左側のそれぞれの側がすわり、風が吹いて木の葉が落ちるのを待つ。最初の木の葉が落ちたほうの言い分が正しいとされたりした。そしてもちろん、有罪とみとめられれば、その木に吊し首になっただろう。吊し首には王宮広場などではTの字の絞首台が使われたが、田舎では森の木の枝ぶりのいいものが選ばれた。

ユダの首吊り（12世紀
サン・ラザール大聖堂）

血の出る木

ロンサールの詩で、樵よ、その手をとめよ。木が血を流しているのが見えないかというものがあるが、民間伝承でも斧で打つと血が出るものがある。ブルターニュのクリッソンの城の前で王党派を銃殺したあと、そこに植えた樅《モミ》の木は、幹に刻みを入れると血を流した。[90]ランモデスの聖モーデの椅子とよばれた岩のわきに生えたサンザシは傷をつけると血を流した。シャンギーのモンヴァレにある聖母の泉を囲んでいる木も血を流す。モーミュッソンではあるとき樫の木の下で司祭が銃殺されたが、以来その日がめぐってくると樫の木が涙を流した。

　この種の伝承は日本でもよく耳にする。伐採しようとすると血を流すのである。『江戸怪談集』には「樹神の罰」として、エノキの木を切ろうとしたところ、樹神がうらめしげに現れた。それをかまわずに切ろうとしたが、狂い死にをした話がある。

成木責め

日本では果樹をたたいたり、斧でおどかしたりして、実をならせるのを成木責め《なりき》というがヨーロッパでも同じで、火をつけた松明《たいまつ》をもっていって実をつけなければ燃やしてしまうとおどかしたりする。オクセール地方では大みそかの日に翌年の収穫を祈願し、松明で木の根方をたたいて、去年よりもっとなれと唱える。あるいは「ロバと女とクルミはたたけばたたくほどよくなる」といってたたいた。成木責めではないが、勢いの悪くなった木の根方に犬や猫の死骸を埋めると元気になるといわれた。[07]

成木責め（水島爾保布画「長岡城下年中行事図絵」長岡市立中央図書館）

魔除けの木

サヴォアでは樅《モミ》の木を植えておくと邪眼除けになるという。ただし、てっぺんを切りつめておく。サンザシを植えておくと雷が落ちないともいう。ルシヨンでは聖ヨハネの日につんできた花束か木の枝を十字にして窓や戸の上に打ちつけておくと魔除けになる。ノルマンディでは野バラの枝が住民と家畜の病気封じになる。バッス＝ブルターニュその他では樫の木が強力な魔除けになる。

ナナカマドは魔除けになる。戸口にナナカマドの枝を打ちつけておくと魔女がはいってこない。五月一日の前夜は彼女たちがウサギの姿でかけまわり、牛小屋にはいっていたずらをする。ナナカマドがあればはいらない。ノルウエー、デンマークにもみられる風習である。

ニワトコは蛇を遠ざける。牛小屋の魔除けにもなる。ベリー地方ではツゲが魔除けをする。ある種の木の枝は聖ヨハネの前夜に切り取ってきて、十字にくみあわせておくと魔除けの効果がある。タイムやローズマリーといったハーブが効き目があることもある。悪魔が娘を嫁にしたいといってさらっていこうとしたときに、戸口に魔除けの木の枝が打ちつけてあるのを見て、あわてて逃げていったなどという。ノイバラは病気封じにもなる。

　魔除けではないが占いの木がある。「バルバラの枝」といい、十二月四日聖バルバラの日に桜桃などの枝を切り取ってきて、暖炉の前であたためるとやがて花を咲かせる。その咲き具合で翌年の豊凶を占う。未婚の女の婚姻占いにもなる。クリスマスの花としても聖日に彩りを添える。[80]

呪われた狩り

特定の樹木ではなく、ヨーロッパの森に展開する幻だが、「亡霊の軍勢」とも、「荒猟師」とも、あるいは「ダヴィデの狩り」「アーサーの狩り」「ディアナの狩り」などともいう。フォンテーヌブローなどの森では、革命や戦争などの大きな出来事の起こる前にそれを予告するように、「狩猟頭」の亡霊があらわれる。あるいは骸骨の騎士が骸骨の馬に乗り、幻の狩りをしていることもある。単に死者たちがしずしずと行進することもあるが、その場合、行きあった人をその行進にさらってゆく。

　カナダでは樵たちを空飛ぶカヌーに乗せて地獄へつれてゆく悪鬼の船を「ギャルリー狩り」といっているが、これはフランスのポワトゥ地方で語られていた「ギャルリー狩り」の変形とされる。その地にむかし暴戻《ぼうれい》で有名なギャルリーという騎士がいて、日曜のミサにも出ずに狩りに夢中になっていた。あるとき、みごとな鹿を追い詰めて隠者の

魔女の集会（ハンス・バルドゥング・グリーン画　1508年）

いおりに飛び込んだところ、鹿をかばった隠者が、それほどまでに狩りをしたければ未来永劫に狩りをするがいいと呪った。ギャルリー殿はほどなくして死んで、その後、空中を幻の獲物を追って駆け巡るさまがみられた。その伝承がカナダへいって空飛ぶカヌーになったのである。この亡霊の出現する場所は地上であれば森の中だが、空中であることもあり、ただそこから地上におりてくることもあった。狩人は群れをなしていることもあれば、ひとりのこともあるが、犬は十数頭はついていて、馬蹄のひびきと犬の吠え声がひびきわたる。

ディアナの狩りというときは狩りの女神ディアナ＝アルテミスがサバトにやってきた狂乱の信女たちをしたがえて森をかける。もちろんサバトにかけつける魔女たちが空中を山羊に乗って飛んでゆくこともあり、これは「呪われた狩り」とはいわないが、「ディアナの狩り」であれば、ほとんどサバトくずれである。フランスでは「メニ・エルカン」と呼ばれることもあり、その場合はシャリヴァリ風の騒々しい集団が森の中を駆け巡る。ロンサールもあるとき、それに出会ったとして詩に書いている。

実際には王や騎士たちが森で鹿猟をするときは、平民がそれにゆきあったらとんでもない災難で、殿様連中の狩りの邪魔をするとはなにごとだと鞭で打たれたり、棒でたたかれたりした。狩りの一隊が森をでて畑を通り抜ければ、作物はふみにじられて惨憺たるものになった。下手をすると、森をうろついているところをみつかって、密猟者として吊し首になったりした。森はすべて支配階級のもちもので、近隣農民の立ち入りは禁じられていたのである。それだけに森の怪異は実際以上に誇張されて語られた。森には呪われた狩人だけではなく、人狼もいれば、サバトにおもむく魔女もいた。産婆と媚薬づくりを兼ねた女の小屋もあれば、昔話の人食い鬼の棲み家もあった。もちろん、山賊も政治犯も隠れていた。

狩りをするディアナ（ドメニキーノ画
1616-17年　ローマ、ボルゲーゼ美術館）

美術の世界の草木◆二
◎ギュスターヴ・クールベと森の絵画

クールベは森が好きで、森へ行っては鹿の様子を描いていた。フランスの森には鹿が多いが、かつては貴族階級の狩猟のために放されており、現在でも日曜ハンターが鹿撃ちに森へ入る。かつての森は庶民には足を踏み入れることが禁じられていた「禁園」だったが、革命後は万人に解放されたのである。しかしかつての貴族たちの狩りが数十頭の猟犬に鹿を追わせるものであったのに対し、革命後の庶民の狩りは犬をせいぜい一匹連れただけの小規模な個人的狩りが中心になったので、鹿が絶滅する気づかいもなかった。それに狼が絶滅したことも鹿の頭数維持に役立っているだろう。クールベの《秋の森》では一人のハンターが鹿を狙っている様子が描かれる。

クールベは《フラジェの樫の木（ウェルキンゲトリックスの樫の木）》ではローマ時代のケルトの英雄ウェルキンゲトリックスがその下で裁きをしたという樫の大木を一本だけ描いて

いる。樫すなわちオークで、日本語ではコナラになるという
が、それでは樫という木があるのかというと、樫はないとい
うのだから、オークは樫でいいのである。ヨーロッパではこ
れが平地の森林の最大の樹種で、枝のひろがりが四十メート
ルにもなるものが珍しくない。したがって樫の森は一ヘクター
ルに一本くらいの密度で生えているから、下枝の下を馬車で
駆け抜けることができる。鹿狩りでも馬だけではなく、宮廷
の夫人たちは馬車でついていった。木と木との間隔が二、三十
メートルもひらいており、下枝もかなり高いのである。
《秋の森》ではもう少し若い木が密生している。

クールベ《秋の森》1841 年

クールベ《フラジェの樫の木》1864 年　オルナン、クールベ美術館

IV 昔話の森

樹と花の昔話

　南方熊楠が「巨樹の翁の話」でなかなか切れない木を、木くずを燃すと切れたという話を紹介しているが、これは中国にも、柳田國男にもある話で、夜中に木くずがもとのところに収まってもとどおりになる。これは樹霊のせいで、その秘密を聞きだしたものが樵にそれを教えると樵は木くずを燃して木を切り倒す。そのあたりは木の下で夜をすごすあいだ、木の精たちが話をしているのを聞いて、その夜生まれる子供の運命を知る話に通じている。こんなものは世界中にあるだろうと思うのだが、南方が書いていないところをみると日本か中国にしかないのかもしれない。あとのほうは関敬吾の『日本昔話大成』では「産神問答」となっていて、大木の下で雨宿りをすると山の神がきて、木の神と今夜生まれる子供の運の話をする。山のお堂の場合もあるが、鹿児島では大木である。木の例は徳島にもある。

　良弁杉の話のヴァリエーションでは、鷲のさらい子ではなく、杉から生まれた小僧とされている。[01] 樹木や果実から人が生まれるという思想があったようで、そこから桃太郎話などがでる。

　人が生まれると木を植え、その木が枯れると人も死ぬという伝説はヨーロッパにあるが、中国にもある。しるしの木ではエジプトの「二人兄弟」にあるが、アカシアの木を植えていって、これが枯れたら死んでいるから、たずねてきて、蘇生させてくれと言いおいてゆく。

　しるしの木ではないが、命花というものがあり、鬼の岩屋に生えていて、そこにいる人間の数だけ花が咲く。とらわれの女のところへたずねてきた縁者が隠れていると、花の数をかぞえて、人がいると鬼がいう。そのためには年中花が咲いていなければならず、四季咲きのバラ以外、むずかしい。

神話と昔話

神話は神々の物語で、昔話は多くは村人の物語である。神々が人間界をおとずれる話は正直な老夫婦に恩恵をほどこすような、昔話的神話である。[02] しかし、神々が王（ファラオ）として地上に君臨している文化や、あるいは万物に霊のはたらきをみとめても、天空の至高神などを「発明」していない文化では神話と昔話や伝説の境目は不明確になることもある。それにあきらかに昔話として語られていた「ワニとウサギ」のような話が神話のなかに組みこまれる文化もある。神話と昔話はそれほどはっきりわかれてはいないのである。とくに植物が重要な役割をする物語は、すべて植物神話としてもいいともいえる。若返りのリンゴ、鼻が高くなるイチジク、あるいは英雄や美女がそこから生まれてくる桃やオレンジの物語は神話的昔話といえる。アティスはアーモンドから生まれるのである。

桃太郎と花咲爺

神話的昔話の代表は日本では桃太郎だろう。世界的には異常出生をした英雄が怪物退治をするAT300番（アアルネとトンプソンによる世界の昔話の分類番号）の「竜退治」に属する。怪物退治において三人のみちづれ（あるいは三種類の動物）をつれてゆくのも共通している。[03] そしてその場合、ふつうは竜に生け贄にされていた王女を救出して、さらに冒険をかさねたすえに、その王女と結ばれる。[04] この女性的モチーフ、あるいは婚姻モチーフが「桃太郎」で脱落しているのは幼い子供に語る物語における教育的配慮だとされる。[05] 性について語ることのタブーがあるのである。しかしそれをいうなら桃太郎の誕生自体が問題で、桃太郎のはいった桃はどこから生まれたのか、どうやって生まれたのか問われれば答えなければならない。これを英雄誕生の一つ、植物性出生としても、アドニスが没薬《もつやく》の樹から生まれたにしても、あるいは伊尹が桑の樹から生まれたにしても、そのもとには人間の両親がいて、男女のまじわりをして懐妊した女が樹木になっていたのである。桃太郎が桃から生まれたというのは、その前を省略したので、桃にはいった桃太郎は、胞衣《えな》に包まれて生まれる英雄[06]などと同じく、母親から生まれたのであり、母親を懐胎させたのは父親なのである。でなければ、人間を実らせる不思議な性質をもった桃の樹が雌蕊と雄蕊の受粉によって人間果実を実らせたのだ。イタリアではリンゴのなかから出てくる王女がいる（後出）。子供のいない王と王妃がリンゴでさえ実がなるのに、どうして自分たちには子ができないのだろうと嘆いていたところリンゴが生まれたのだが、もちろん、こんどこそ子供が生まれるようにと、王様とお妃ががんばった結果である。リンゴ姫に両親がいるなら桃太郎にも両親がいてもおかしくはない。その両親が、生まれたのが桃だというので、これは不吉だとして川に流したか、娘が不義の子を産んだら桃だったものの、人間でも桃でも人に知られてはいけないというので川に流したかであるにちがいない。[07]

英語版『桃太郎』の挿絵　1886（明治19）年　国立国会図書館

これを植物のサイクルで考えれば、花が受粉して実になり、実がわれて種が出て、種を植えたら木が生えてきて、そこに花が咲き、実がなってとなるだろう。そのなかに人間がはいっているとなれば、そのサイクルではなく、人間の受胎と出産のサイクルで、ただ、子供が特殊な被膜に包まれてきたケースでしかない。すくなくとも犬などがそうした異常出生をするケースが知られている。しかし、その犬が殺されて、木になり、燃されて灰になり、枯れ木に花を咲かせるというのは、死んでから植物のサイクルにしたがって変身をすることになる。[08] これが花咲爺だが、桃太郎のほうはそれとはちがうのは、死んでからのサイクルはなく、誕生の奇瑞だけで、果肉に包まれて胎児が生まれた話、果肉の中の誕生となる。ここで思い出されるのは中国の人参果である。袁珂の『中国の神話伝説』によれば、「女樹という木があって、東の空が明るくなるや、その枝にまる裸のちいさな赤ん坊が生まれ、日が昇ると地上に下りて自由自在に駆け回ったり、遊んだり、戯れたりするが、日が暮れると地下に姿を消してしまい、あくる朝また女樹の枝に新しい赤ん坊が生まれる」という。

　花咲爺の犬も殺されてからの変身だけではなく、誕生の奇瑞も語られることがある。この物語の本当の主人公は犬だが、ヴァージョンによってさまざまとはいえ、一つのヴァージョンでは犬は川からやってくる。魚を捕ろうとして仕掛けておいたやなに木の株がはいっていて、それを斧で割ろうとすると、なかから、「爺、爺、そっとやれ」という声が聞こえる。覗いてみると木株の中に犬がはいっている。石を抱いた木、頭蓋骨を抱いた根などがあるが、この木株はどうしてそのなかに犬がはいりこんだのかわからない。掘りおこして川岸に干してあったときに、からみあっ

『お伽噺 花咲ぢゞい』の挿絵　1880（明治13）年　国立国会図書館

た根のなかに巣のなかにもぐりこむように犬がはいりこんだものだろうか。あるいは木株のなかで生まれたかだ。もちろん「事実」の詮索などは意味がないが、ともかくこの犬は木株のなかにはいってきた。ほかでは箱にはいって流されてきたというのもある。なにかにはいって流されてくるというのでは、桃から生まれた桃太郎と同じである。もっとも桃太郎は桃にはいって流れてきたので、「桃から生まれた」といっても、桃の種から生まれたのではない。つまり人間として懐胎し、生まれる時に桃にはいって出てきたのかもしれない。

犬は子供のない爺婆にかわいがられて育つ。山へいけばここ掘れわんわんと大判、小判が埋められているところを教える。隣の爺に殺されて、骨を埋めるとそこから桜が生えてくる。それを切って臼にしてつくと、これまた大判小判がざくざくと出てくる。この臼をたたき壊して焼いて灰にすると、枯れ木に花を咲かせる灰になる。植物的連続変身をおこない、最後は桜の樹の再生を保証する。中国の狗耕田だと天までとどく竹が生える。

川をくだってきた犬は竜宮子犬とほぼ同類である。村はずれの橋のところから竜宮へ柴をいつもほうりこんでいた男が竜宮へ招かれ、報恩のために金をひる犬をもらってくる。花咲爺の犬も金をひる犬と同じで金を掘り出させる。竜宮子犬はもっとたくさん金を出させようとした欲張りばあさんのために殺されてしまう。そこも花咲爺の犬と同じだといっていい。

ヨーロッパでは金をひるロバがでてくる。日本では「黄金昔話」は金をひる犬でなければ、「金のナス」が、「黄金のリンゴ」に相当するだろう。リンゴはヨーロッパでは鼻を長くする、角を生やす、しっぽを生やす、あるいは屁をとまらなくさせるなどの魔法の果実になる。これは日本では「金のナス」や「鼻高イチジク」で、リンゴやオレンジの例はない。また黄金のイチジクであることもない。

鼻高イチジクは外見はただのイチジクだが、屁をひらぬ女が植えれば金のナスが生えるという「金のナス」は、外見だけではなく、中まで無垢の金である。北欧の若さの女神イドゥンのリンゴは金色ではないがそれを食べれば若返る。

　桃太郎とならぶ国民的英雄のひとり金太郎は足柄山の山姥が山頂で昼寝をしているときに上空を黒雲にのってとおりかかった龍神に犯されて生まれた。生まれたときから髪がふさふさとしていたというものの、もちろん金髪ではないし、植物誕生ではない。黄金童子でもない。全身が赤かっただけである。日本の昔話には「黄金譚」は少ない。あえていえば、死体黄金譚、黄金にかわる山姥の糞などがあるくらいである。「黄金のジパング」などというわりに日本では黄金がじっさいにも希少だった。それだけ日本の昔話は植物系かというと、桃太郎以外は、これも意外に植物系が少ない。植物との婚姻、植物からの出生がほかの国より多いとはいえないのである。むしろ動物との異類婚、動物からの出生のほうが多い。蛇や狐や田螺と人間との垣根が低かった。しかし日本は「木の国」には違いない。

美女と野獣

　美女と野獣では、商人の娘が旅のみやげにバラ一輪を所望する。美しくバラが咲いている庭から一輪バラをつむと野獣があらわれ、その代償に娘をよこせという。娘が心から野獣に接吻すると魔法がとけて美しい王子があらわれる。野獣はどんな動物なのかという疑問には詳細な研究もあり、絵入り本の挿絵によると熊、獅子、猪などがあるが、動物的な耳をしただけの人間の場合もある。それよりもこの話でなぜバラなのかがわからない。バラくらいどこにでもありそうである。いくらでもあるからそんなものでいいといったのか、であれば、野に咲くヒナギクなどでもいいだろう。またそれをとったからかわりに娘をよこせといった野獣についても、とくにバラに執着していたのか、それが特別なバラだったのか、あるいは商人の娘がバラをとってきてほしいと言うだろうと予想して、あらかじめしかけた罠だったのだろうか。高価な花ならたとえば昔は投機の

『美女と野獣』の挿絵（ウォルター・クレイン画　1874年）

対象にもなったというチューリップでもよかったのだろうか。それともバラでなければならない理由があったのか、あるいは王子の変身と関係があったのか考えだすとわからない。黄金のロバはイシスの手からバラをもらって食べると魔法がとける。その思い出かもしれない。しかしピエール・ルイスはちがった解釈をした。バラをつんだ商人は娘をバラのところへよこさなければならない。娘がやってくるとバラの枝がからまって娘をとりこにする。刺もささる。花はいう。さあ、あなたは私たちのとりこになった。切りとった花のかわりになってもらう。娘は嘆きもせず、いわれるままに切られたバラの切り口に接吻する。その「勇敢な接吻」がたちどころに魔法をとく。バラの枝は娘の体をはなれ、娘は自由になった。これが中世の本当の「勇敢な接吻」なら、バラにかかっていた魔法もとけて、そこに美しい王子があらわれるはずだ。[8]

　人間が魔法で動物に変身する話はいろいろあり、植物の場合もけっして少なくはない。ただしギリシャ神話で多い、アドニスが死んでアネモネになった、ナルキッソスが死んで水仙になったというたぐいは、変身ではなく転生である。中国の怪奇小説でよく出てくる梅の精が美女になって男に通うのも変身ではない。というのは、梅が美女に変身すれば梅はなくなるはずだが、梅はずっとそこに生えている。梅の精が姿をあらわしたので、精が宿っていた梅の木はそのままである。それ以上に梅が切り倒されても女はそのままかもしれない。それに対して日本の昔話の柳の精のお柳などという話では、柳を切れば女も息たえる。分身関係である。中国では憑依関係に近い。男に梅の精がとりつく。その前にその精が死んだ女にとりついていたのだ。あるいは死霊が梅にとりついていた。しかし憑依的変身はない。狐や狼の場合は憑依的変身をする話がある。狐が女に入り込み、憑き物がおちれば狐が走りさる。植物ではそのような憑依的変身はむずかしい。石になったという場合はさらにむずかしいのは、変身後うごかないし、変化しないからだ。川になる。星になるというのもあるが、いずれも「変身」にはあたらない。

アラクネがクモになるとか、ダプネが月桂樹になるというのは、生きたままの懲罰、あるいは祈願による変身で、ニンフのメンテがハッカになったのはそのどちらともいえる。ハデスが野原で花をつんでいたメンテをペルセポネと同じようにしてさらおうとしたのをそのペルセポネが見とがめて、メンテをハッカに変えたのだ。ハデスの試みをくじくためということなら、懲罰でもなく、またメンテ自身が願ったことでもなければ、祈願でもなかった。もうひとつ変成の例があり、地獄の犬ケルベロスがヘラクレスと戦ったときに口から泡をふいて、それが地におちてトリカブトになったという。これも祈願でも懲罰でもない。

植物変身でも木になったきりという場合と、人間の状態と植物の状態を往復する場合があり、本来の「変身」なら可逆的、動的である。バシーレの「ミルテ」では、ミルテの木から娘が抜けだしては、また木（鉢）に戻る。[10] インドの昔話「ベル姫」では花から生まれたベル姫が殺されて木になり、それを切ってベッドにしたのを燃すと鳥になり、さいごはまた池の睡蓮の花のなかに、花の精としてかくれている。

花咲爺でも、犬が殺されて木が生え、それを切って臼にし、それを燃して灰にして、枯れ木にまくと花が咲く。インドの連続変身譚の影響が想定される。ヨーロッパでも「三つのオレンジ」の系統の昔話ではオレンジの実から生まれた妖精が池へ突き落とされて魚になり、それを王子がかわいがっていると、贋の花嫁が魚を殺し、魚を埋めたところからバラの木が生え、それを切ると小鳥になり、小鳥を殺すと、そこから木が生え、その木に実がなり、実を切るともとの妖精があらわれるなどと連続変身が語られる。小鳥や小魚が花木や、かなり大きな樹木になる。鳥の場合は「杜松《ネズ》の木」などにみるように殺された少年の転生というより魂のあらわれだが、それが杜松の木にとまって歌を歌うところは、杜松の木の精でもあるようにみられる。なぜそれが杜松なのか、杜松の木は何になるのかを考えるとむずかしいが、杜松の木は死んだ母親の生まれ変わりだという説明をするヴァージョンもある。花咲爺の桜の木は名前からして必然性がありそうだが、その変身のサイクルには小鳥などのステップがあってもよさそうだ。

　もうひとつは日本では「杜松の木」の話でも竹の笛がでてくることで、かぐや姫、うぐいす姫も竹から生まれる。竹はヨーロッパには昔はあまり分布していなかった植物だが[11]、東南アジアでは巨大な種があり、節のなかに子供がはいっていても不思議がないようなものもあれば、天にまで届くようなものもあり、それぞれに特有の物語をつむぐ。日本では孟宗竹《モウソウチク》も近世になってから移入されたもので、在来種あるいは古代に移入されたものは細い真竹《マダケ》だが、話としてはそのなかに人がはいることもありえなくはない。ただ、日本では笛になることが多い。漂流や洪水をのがれる容れ物としては東南アジアでは瓢箪が圧倒的に多く、日本では桃、瓜、箱（重箱）である[12]。

三つのオレンジ

　果実から人間が生まれる話ではヨーロッパの昔話の「三つのオレンジ」がある。[13] オレンジではなく、シトロンという場合もあるが、いずれも香りのよい柑橘類である。それを切ると美しい娘がすっぽだかでとびだしてくる。出てきたらすぐに水を与えなければならない。そうしないと煙のように消えてしまうのである。[14] オレンジ、あるいはシトロンの精で、その香りのように揮発性なのかもしれない。たいていの話では最初のふたつは水をやりそこねて消えてしまう。三つめにようやく、その光り輝く裸身を抱きしめることができる。しかし、悪い女がそれを見ていて、王子がその場を離れたすきに娘を池へ突き落とし、自分の醜い娘を身代わりにする。戻ってきた王子は美しい娘が醜い娘にかわっているのを見てびっくりするものの、そもそもオレンジのなかから裸の娘がでてきたことからして不思議な出来事なので、あいかわらず夢をみているつもりで、その醜い娘を宮殿につれてゆき、妃にする。池に突き落とされた娘のほうは魚になって泳いでいる。あとは「すりかえられた花嫁」の物語である。

　樹木の精が美しい女になって男のもとへやってくるというのは中国なら梅で、日本では柳とか、草花だが宵待草などが多い。藤などという場合もある。もちろん桜もある。西洋では木蓮がある。[15] いずれも果実ではなく、多くは花木である。馥郁たる香りをただよわす美女のあとをつけると満開の花木の木陰にふっと姿が消えるのである。中国の場

カルロ・ゴッツィの寓話劇『三つのオレンジへの恋』の上演パンフレット（1915 年）

桜の精（月岡芳年『新形三十六怪撰』1889 年より）

合は狐の精などと同じく、梅の精でも、本性は冥界の使いで、男にとりついて冥界へさらってゆくのである。とりつかれた男は日に日にやつれてゆく。まわりのものが心配するが、本人は性の恍惚境にいて、命をすりへらすことなどなんとも思っていない。日本の場合には精を吸いとられるというのは少なく、おとなしく寡黙な女がまめまめしく家事をし、男につくしているのだが、あるとき、急に顔色が悪くなり、ふらふらっとしたとおもうと、もう倒れてそれっきりになる。川べりの柳の木が切り倒されたのだ。果樹だったらふたりの愛のしるしがみごとな果実になってそこから立派な子供が生まれそうだが、そういう話はあまりきかない。

　生命の木ではなく、死の木であれば、梅崎春生《はるお》の『幻化』にでてくる女はダチュラの木の精だったかもしれない。これこそ幻化ならぬ幻花で、これを口にいれればただちに毒がからだにまわって死んでしまう。そこらに咲いている花を口に持ってゆくことはないだろうと思うが、これはエンジェルズトランペットともいい、トランペットの形をしていて、おもわず口にあてがって吹いてみたくなる形をしているのである。その花が咲いているところで、なんという花だろうとおもって花を見ていると、その女があらわれる。ダチュラと女は言う。それが花の名前である。花の下で男はその女と愛をかわした（文学の項参照）。

　毒の花はいくらでもある。草花が多いが、花木でもかなり強い毒をもっているのは夾竹桃《キョウチクトウ》だ。なぜ夾竹桃に毒があるのかを説明する神話があってもよさそうだが、ありそうでない。タバコなどだと、多淫な女が死んでその死体からタバコが生えだしたという神話がある。その葉を燃して煙を吸うと恍惚たる思いになる。あるいは死んだ女の面影が彷彿としてくる。

　そういった神話ならやはり果実のほうがあるだろう。葉と花と果実とでは、花が幻覚を与え、果実が陶酔を与えそうである。しかし植物のうち利用できる部分としてはそれだけではない。根菜や塊茎、球根などもある。マンドラゴラの根はオレンジとおなじように美しい女に化けるが、魔性の女で、うかつに手をだすと地獄へさらわれる。

眠り姫の森

日本では語られないタイプの昔話だがヨーロッパでは普遍的で、ペローにもグリムにもバジーレにもある。[16]魔法をかけられた王女は百年の眠りにつくが、森のほうは活きていてしだいに城をとざしてゆく。グリムではとくにびっしり茂った茨が城への到達を不可能にする。しかし王子がやってくるとさしもの茨が自然にひらいて難なく城のなかへはいれる。王子は眠っている王女を発見して接吻する。それによって王女の眠りはさまされる。ペローではちょうど百年目に当たった日に王子が訪れる。バジーレでは王子は王女と共寝して子をはらませる。九か月後、出産の痛みで、王女は目をさます。寝たきりの王女は植物人間をも思わせる。

　ペローの『眠れる森の美女』では、王女は紡錘を刺して仮死状態になり、同時に城のなかのすべてが止まり、眠りこむ。[17]しかし城の外はもとのままで、だれも行き来しないので茨がしげって近づけない。王子が茨を刈りはらって城のなかへはいるのは何があるのだろうという純粋な好奇心のなせるわざである。しかし茨にとざされた城というイメージからは、蔦《ツタ》や葛《カズラ》などにおおわれた城も思い浮かべられるが、またジャングルが人も物ものみこんでどんどんひろがってゆく「緑の魔境」をも思わせられる。熱帯性ジャングルでなくとも、放置した家のなかで、孤独死した老人が横たわったまま、まわりを蔦葛がおおい、家のなかにまで侵入して、老人の死体をおおいつくし、肉体をすいつくして、白骨だけになってしまったなどという「事件」も近頃はありえないわけではない。廃墟になった城を訪れると、かつての住人の幽霊がでてくるなどという話は怪談に多い。眠り姫の城は石造りで、なかなかくずれないが、それでも放置された大昔の城の残骸を山の上などにみると、四、五百年でも石がくずれ、土にもどって、骸骨のような骨ぐみだけになっていることがある。木造であれば、風化はもっと早い。アンコールワットなどへゆくと、ガジュマルの木が廃墟をおおいつくし、石をのみこんでいる様子が

眠れる森の美女（エドワード・バーン＝ジョーンズ画　1890年頃　プエルトリコ、ポンセ美術館）

みえる。どこまでが遺跡で、どこからがその後生えた木なのか、石造りの人工の構築物と植物の世界との境もさだかでなくなる。そのような大木にのみこまれた宮殿のなかに、寝たきりでおきざりにされた王子、王女がいて、白骨だけになってベッドに寝ていることもありそうである。まわりは深いジャングルである。何本ものガジュマルの根がからまって、廃墟に埋もれた地下のような世界に、そこだけ残ったかつての王女の寝室がひっそりと静まりかえっている。そこへやってきた王子が寝ている王女をみて、この世ならぬ美しさに夢中になって接吻をする。すると王女が目を覚まして、いま何時くらいかしらとたずねる。植物人間が目覚めるのである。

タ・プローム（カンボジア）のガジュマル

植物人間の話ではバジルに変身した娘の話もある[18]。あるいは美しい花で、王子が自分の部屋にいれて大事にしているが、旅行にでかけた留守に王子の母親の王妃が鉢をこわしてしまう。鉢からは美しい王女が出てきて、一緒に食事をしたりして、睦まじくしていたのだ。

夫婦の運・産神問答

新潟県刈羽《かりわ》郡の伝承、大工が大木の根方で野宿する。夜中にどこかの神がやってきて、村でお産があると言って大木の神をさそう。木の神はお客がいるからいかれないと断る。しばらくしてさきほどの神が戻ってきて、乞食の娘が生まれたが、そこにいる大工と一緒になる縁だという。大工はその赤ん坊をさがしだして喉をついて殺したつもりで去るが二十年後、ふとした縁で結ばれた女がかつて殺そうとした女だった。雨宿り、あるいは野宿をするのは村のお堂や鎮守が多いが、木のほらなどもあり、その場合、木の神と産神《うぶがみ》との問答をきく。

関敬吾の分類では「夫婦の運」は「誕生」のところで、「産神問答」は「運命と致富」にはいっている。雨宿りないし野宿で大木の下あるいはお堂に泊まると馬に乗った産の神がやってくるというのは同じで、「産神問答」では二人の子供が同時に生まれ、片方はいい運にめぐまれ、もういっぽうは、片方の子供といっしょになっていれば運がいいが、わかれると貧乏になるといった予言がされる。そしてのちのち、その予言のとおりになる。「夫婦の運」のほうでは、その晩に生まれた女の子と、大木の下の男が結ばれるという予言で、男がこれはたまらないとその女の子を殺そうとして、殺し損ねるが、のちのち、結婚した相手がそのときの女の子だったというもの。「産神問答」のほうで、立ち聞きしたものと、その晩生まれた子供が縁で結ばれる予言があり、子供を殺そうとするという「夫婦の運」型の展開をするものもある。「産神問答」では結婚してうまくいっていたのが、離縁したとたんに男は落ちぶれ、女は長者の嫁になり、男が知らずに長者の家に物乞いにきて、そうと知って死ぬという「炭焼き長者・再婚型」の展開をするものもある。新潟では離婚をして追い出された女が炭焼きと再婚する話がある。運をもって生まれた女と、不運をもって生まれた男の物語で、これだけ独立して存在していたのが、炭焼き長者の話や、産神問答の話に接続したものと思われる。後半は酒泉長者の話になるものもある。大根をぬくと酒がわき、それを売って長者になる。冒頭はお堂に泊まっていることが多いが、岩手の『老媼夜譚』では大樹のもとである。やってくるのは賽の神と箒神、大木に宿っているのが山の神である。長崎では楠の根方で寝ていると、賽の神と誕生神がくる。石神の場合もある。厠神もある。山の神か木の神が山で、里の人びとのくらしぶりを見守っている。里の家のなかの箒神、厠神などがその家の運をにぎっている。賽の神あるいは産神が誕生をつかさどる。山の神は森の神といってもいいだろう。日本の山、とくに里山は全山木でおおわれている。大森林ではなく炭焼き山だが、里の水田の水のもとでもある。山の木々が村の人びとを守っているのである。

なお、このタイプのサブタイプとしての水難型（関151c）、手斧型（関151b）はいずれも何歳かのときに水難に遭う、あるいは手斧をもった手元が狂って死ぬという不幸の予言である。いずれも山の神が予言する。誕生時ではないが樫の木が老翁になってきて予言ないし運定めをするのでは「山神と童子」（関157）の沖永良部《おきのえらぶ》の話だ。樫の木は天竺の寺へゆくようにという。途中、三段花が枯れる理由をきいてきてくれとたのまれる。天竺の寺ではまた老人になった樫の木に人生の指南をうける。そのとおりにして長者の婿になる。三段花というのは台木と接ぎ木と、そのつぎの接ぎ木のことのようで、上にだけ花が咲くのは、根方に金の壺が埋まっているからだという。これは「夢見小僧」あるいは「味噌買い橋」と似た話で、金の壺の半分をもらう。夢の話は関の分類では158「夢買い長者」として、「佐渡の白椿」という話を例にあげている。新潟の話だが、佐渡が見える海岸にふたりの男がいて一人が昼寝をして夢をみる。佐渡の長者の家の白椿の下に金の壺があるという。もう一人の男がその夢を買って、佐渡へゆく。白椿の咲いている家に雇われて庭掃除をしながら花の様子をみているが、最初は赤い椿ばかりなのが、あるとき白椿が咲いた木があり、そこを掘ると金の壺がでてくる。もちろんこれは椿である必然性はない話だが、味噌買い橋でも、木の根方に金の壺があることが多い。同じような木がいくらでもあって区別がつかないといけないので、赤い椿の木にひとつだけ白椿が咲いている木だとか、なんらかの特殊性を物語る。（『椿姫』では、月の初めの二十五日は白で、あとの五日は赤だった。）夢をみている男の鼻に蜂、あるいはアブが出入りしているというのは夢の話ではよく聞くところである。その蜂が椿の蜜を吸ってくるというなら蜂と椿の結びつきの必然性も出てくるが、昔話の夢の話ではあまり必然性などを追求しても意味がない。

味噌買い橋は世界中に分布した話だが、大筋は「夢買い長者」とかわりない。ただ金の壺は松の木、樫の木などの下である。

食わず女房――ヨモギと菖蒲

飯を食わないという女がやってきて、嫁にする。飯を食わないにしては米が減るというので、ある日、様子をうかがうと大釜に飯をたいて頭の上の口にほうりこんでいる。女は見られていたことに気づいて山姥の本性をあらわし、山へ帰って男をとって食おうと樽にいれて背負ってゆく。途中、木の枝がさがっているところにとりついて男はかろうじてのがれるが、逃げたことに気がついて追ってくるのをおそれてヨモギと菖蒲《ショウブ》の生えているところに身をひそめる。案の定、山姥がやってくるが、ヨモギが生えていて手をだせない。男はヨモギと菖蒲のおかげで九死に一生をえた。これが五月の節句で菖蒲を屋根にさす理由だという。全国でほとんどヨモギと菖蒲だが、ユズリハの場合もある。

ヨモギはもぐさのもとで、薬効がある。菖蒲も祓邪のはたらきがあるとされていた。外国でもヨモギは魔女の草とされる。

女の正体は山姥、あるいは蜘蛛の化け物で、頭に口があるのは蛇だともいう。男の嫁になっていたのは男をさらっていって山で仲間と食べるためだったというが、そのために飯食わぬ女といって売り込む必然性があるかどうか疑問である。蛇女房の場合、たんに見知らぬ美女としてやってきて、のちに妖怪性を露呈する。蜘蛛だった場合も、糸でがんじがらめにしたという話型はこの話ではなく、ここでは蜘蛛である必然性も乏しい。飯食わぬ女房というのが実は異類であったというだけで、正体は山姥なり鬼女なりで

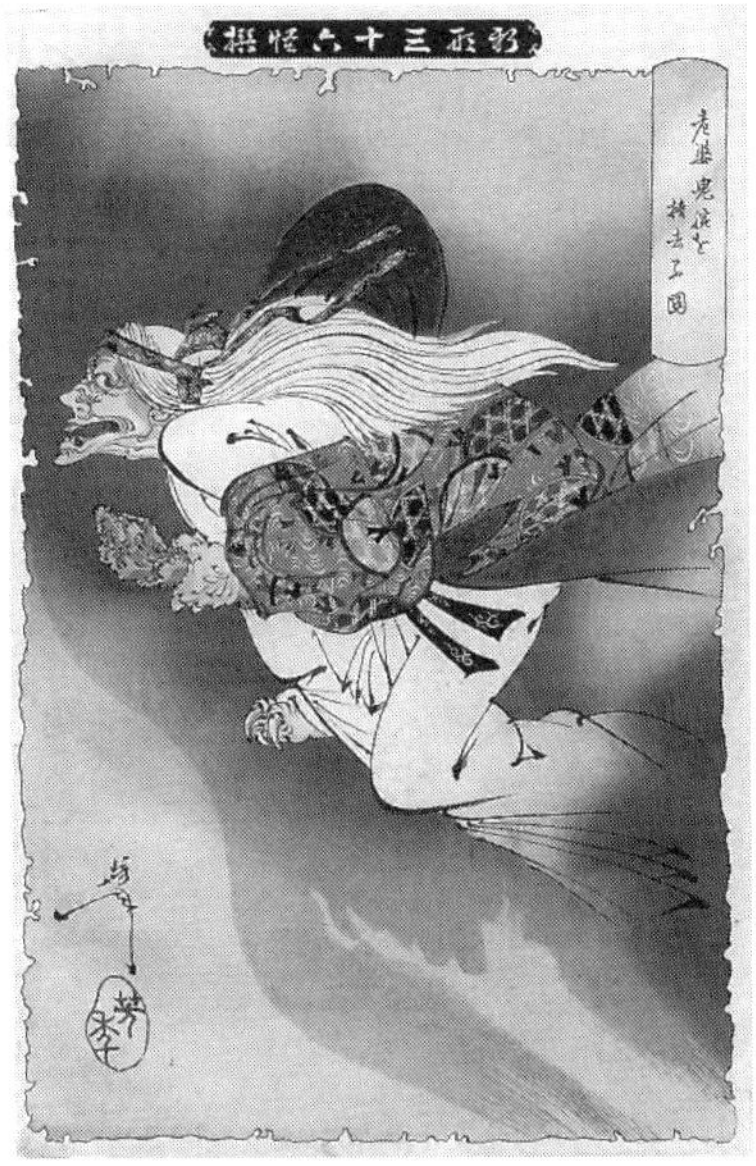

老婆鬼（月岡芳年『新形三十六怪撰』1889 年より）

よかっただろう。しかし本当におそろしい妖怪であれば、ヨモギと菖蒲だけではこころもとない。ここはかなり簡単にのがれられる相手だったようだ。「三枚の護符」で小僧を食おうとした鬼婆はもうすこし怖い。この食わず女房の話は妖怪譚としてはそう怖くはなく、どちらかというと滑稽な感もある。男のほうも、桶に入れられて行って途中で逃げ出したというのが、その様子を想像すると滑稽だし、そのあと、菖蒲原でガタガタ震えていたというのも滑稽である。本当におそろしい妖怪であれば菖蒲くらいで退散はしないだろう。またそれが日本全国で五月五日に菖蒲を屋根にさす習慣のおこりになったというのも大げさである。食わず女房が全国で何人いたというのだろう。

　ヨーロッパの食わず女房は妖精だが、食事をしない、すくなくとも人前ではなにも食べない。あるとき背中をみるとそこに穴があいていて、小さな骨がつまっていた。それが二人の愛の残骸だという。日本の「鶯の里」で、あけるなの部屋をあけると鶯がいて、巣に卵がひとつある。それをとり落として割ってしまうと、それが二人の愛のしるし

だったという声が聞こえる。それをなんとなく思い出させる話だが、ヨーロッパの話は怪異譚ではなく、愛の物語となっている。それは日本の「鶯の里」でも同じで、女主人が鶯だったなら、彼女も「食わず女房」、それも正真正銘の食わず女房のひとりだったかもしれない。すくなくとも人間の食べるような米の飯に魚や漬け物は食べなかったろう。この話では、禁忌背反のあと、屋敷がなくなってしまった野原に梅だけが一本のこって、かすかにかぐわしい香りをただよわせて、二、三輪の花が咲いていたというのが印象的である。ヨモギも菖蒲もないが、梅だけがあり、禁忌背反とその罰があった。

庶民的な桜に対して梅にはある種の気高さがある。もっとも一重の白梅の場合で、八重の紅梅となると八重の桜や厚もの咲きの菊以上に自己主張が強すぎて嫌味になることがある。椿でも荒獅子などの多弁の、かつ紅の濃いものは可憐とか清楚という感じからは遠くなる。桜も、欧米で植えられているものは厚ぼったい八重が中心で、桜桃でないなら八重咲が好まれる。厚化粧の花魁というところだ。侘助椿などは「禅」風として敬遠される。たいていの花が園芸品種では多弁になっているのはバラをみるまでもない。ムクゲなども色の濃い多弁のものが好まれているし、夾竹桃《キョウチクトウ》も多弁が多く、単弁の素朴な桃色の花をつけた日本の夾竹桃は淋しいとか、貧相という印象を与えるらしい。コブシやハナミズキも日本では単弁のものが多いのに対して、欧米では多弁で濃色のものが多いのではないだろうか。例外は藤などのマメ科の花木で、蝶型の花は八重にはならないからか、花型は日本と変わらない。それでも色は日本では淡い藤色が好まれるのに対し、欧米ではやはりはっきりした濃色が好まれる。これはアジサイなどであきらかだろう。西洋アジサイは青でもピンクでも鮮やかな原色に近い。日本のアジサイはそれに比べてはるかにひかえめで、淡色で、よくみると花弁の付け根のあたりがかすかに色づいているようなものが多い。

植物怪異譚では鬼を殺して埋めておくとそこから木が生え、果物がなる話がある。それを食べると鬼の呪いで動物になってしまう。日本では化け猫になる。シンデレラ話で、死んだ母親がみまもってくれる場合、牛や羊の場合もあるが、リンゴの木という場合もある。みごとな実がなるが、継娘がとろうとしても枝があがって取れない。シンデレラが手を伸ばすと枝がたれてくる。王子がとおりかかって取ってくれというと娘が取ってやる。

魔法のリンゴでは歌を歌って真実を告げるリンゴもある。あるいはそれを食べると鼻が伸びてきたり、縮んだりする果物では、イチジク、リンゴ、ナシ、アンズその他があり、日本ではナスの場合もある。

果物の王はリンゴだろうが、地中海沿岸ではオレンジだ。「三つのオレンジ」は三つのシトロンでもいいが、三つのリンゴではしまらない。その妖精がはいっているオレンジは東洋では人参果、あるいはワクワク樹だ。あるいは桃源郷の桃、西王母の桃であろう。そのあたりは孫悟空の冒険に随伴する。多田智満子『森の世界爺』は、橘の実のなかで二寸ほどの仙人がふたりずつはいって将棋をさしていたという話を紹介している。聖書の世界ではイチジクが筆頭にくるが、イチジクグワ、すなわちシカモア（シコモール）で、木はイチジクより大きくなる。エジプトでもこれが「やしないの母」とされ、イシス、ハトホル、ヌートの三女神が「イチジクの大母神」であったと多田智満子は『花の神話学』で主張する。これがさらにエペソスの「多くの乳房を持つアルテミス」になったという。[19]

そして花の王はロータスだ。混沌の海に浮かぶヴィシュヌのへそから咲きだしたロータスのなかにブラフマが生じ、天地の万物を創造した。おなじイメージがエジプトではアトゥムの世界創造の背景につかわれる。混沌の海に

聖なる木の乳を飲むトトメス
3世（古代エジプトの壁画）

生じたのはベンベンという島だともいうが、異伝ではロータスの花が生じ、そのうえに神が立って世界を創造した[20]。ギリシャには蓮食い人の住む土地があった。その実を食べれば人生の苦悩はさらりと忘れ、ついでに故郷も家族も忘れるのである。竜宮城にいったらあっというまに三百年が経っていたというのも、別世界あるいは別の星では太陽の周期も地上とはちがって、太陽のひと巡りが何百年にもなることがあるのだが、そのような天文学的計算より、この「忘れ草」の実を食べたせいで、時間の観念もなくしてしまったものと考えられる。

花も実もあるのは桃であり、アーモンドだ。地中海沿岸の早春の田園を彩るピンクの花はアーモンドである。アーモンドから生まれたのはアティスだが、アーモンドの杖に花が咲き実がなった奇跡はアロンの杖だ。

リンゴ娘

イタロ・カルヴィーノがまとめた『イタリア民話集』に「リンゴ娘」という話がある。子供のない夫婦にリンゴが生まれる。夫婦といっても王様と女王様だが、子供がなくて嘆くのはどこの夫婦とも同じである。リンゴの樹でさえ実がなるのにといったおかげでリンゴが生まれた。このリンゴから美しい娘がでてきて水を浴び、髪を洗う。それをむかいの家の、これも王様がみて恋心をいだいた。向かいの家にも王様がいるというのが面白い。王様ではなく、殿様ぐらいにしておけばいいのだろうが、それでは面白くない。王様といっても昔話の王様は馬車でひとまわりすれば領地が全部みれてしまうくらいの小王国の王様である。実際のところは伯爵などという殿様たちがいて、いまの県、日本なら藩くらいの領地をもっているのだが、普段はパリだのロンドンだのに住んでいて、王様、こちらは本物の王様の宮廷に伺候して宮廷夫人たちとダンスをしたりするのが仕事だった。もっとも、領地で、なにか問題があればさっそく馬車ででかけていった。そんな伯爵あるいは殿様の奥方がリンゴをお生みなされたのである。そのリンゴにむかいの家の侯爵か何かがひとめぼれした。そして熱心に伯爵夫人を口説きに口説いて、ついに口説き落とした。そしてめでたくリンゴをもらって自分の部屋へいれて大事にしていたのだが、昔話の王様の商売は戦争で、たいてい遠い外国へ戦争にでかける。歴史的には十字軍あたりを考えればいいのだろう。本当の王様に命令されればしかたがない。留守のあいだくれぐれもよくリンゴの世話をしておいてくれと召使に命令する。奥方であれば貞操帯などというものを装着してでかけたのである。ところがこの王様には継母がいる。この継母、あるいは悪い女王さまが、何をあの子は大事にしているのだろうと、召使に眠り薬をのませて部屋にしのびこむ。昔話では眠り薬が大活躍をする。これがきかなかったことはない。眠り薬をしこんだリンゴをひとかけらかじっただけでぐっすりと寝込んでしまう。この場合も召使はぐっすり眠り込む。不眠症の人にはうらやましいかぎりだろう。むかしは睡眠薬の科学がはなはだ発達していたようである。そうでなければ、こうも都合よく眠り込んでくれるはずがない。さて、番人を眠り込ませて、部屋へ入り込んだ女はぐるりとみわたすが、どこにもあやしいものはない。ただひとつ、金の皿にのったリンゴが女の目にとまった。まちがいない、きっとこのリンゴがあの子の心をとらえてしまったにちがいない。そういうと、女王様は腰の短剣をひきぬいて、リンゴにおのれとばかり突き刺す。血がばっと飛び散る。女王様が短剣を？　もちろん女王様ともなればいつでも短剣を腰にさしている。これはカルヴィーノが言っている。それにむかしはテーブルでもナイフ・フォークがなく、みな腰の短剣をぬいて肉を切ったりしたものである。フォークのほうは五本の指がフォークの代わりをした。ナプキンはその指をふくためにあった。

その短剣で女王様はリンゴを突き刺して部屋中血だらけにして、あれあれ、これは大変というので、姿をくらました。そこへ召使が目をさましてはいってきてびっくり仰天、すぐに魔法使いのところへかけつけて、傷薬をもらって帰ってくるとリンゴの傷にせっせと軟膏をすりこんだ。そこへ王様が帰ってくる。戦争から帰ってくるのだから、盛大な凱旋式でもしたいところだが、この王様の戦功はあまりかがやかしいものではなかったのか、こっそりと戻ってきて、部屋へはいってみるとリンゴ姫が包帯をして待っている。魔法がとけて、もうリンゴに戻らなくともいいのである。かくてリンゴ姫ははれて王様と結ばれ、悪い女王さまはどこかへ雲隠れしてしまった。もちろんヴァージョンによっては女王さまは火あぶりになったりするが、どこかへ行ってしまってくれればそれが一番である。

果物からでてきた娘はインドでは「ザクロ姫」、フランスでは「三つのオレンジ」、日本では「瓜子姫」である。留守のあいだに掃除や料理をしているというのは鉢のなかの金魚だったり、絵のなかの美女だったり、バジルの鉢のバジル娘だったりする。

リンゴの場合、そのひとつなのか、それともリンゴでなければならない理由があるのかどうだろうか。リンゴは中の種を植えれば芽が出て、木になる。実がなるには十年くらいかかるが、まず花が咲き、受粉して、果実になる。それを鳥がくわえていってどこかに落とす。あるいは川に落ちて流される。たどりついたところで芽がでて、木になる。その繰り返しのなかの一ステージである。花の場合も、まもなく実になる一連の変身中のひとこまである。金魚や絵では変身、それも連続的なものはできない。連続変身のなかには果樹を切り倒して臼やベッドにするステージがはいることもある。ベッドは受胎をあらわす。臼も金銀や餅を搗きだす、生産、豊穣の場であろう。変身のなかで鳥になることがある。これは果実を運んだり、花粉をもってきたりする働きをする変身の「助手」である。あるいは花から果実までのあいだの変身のひとこまとも考えられる。鳥が果実を食べて、種子を体内にとどめたまま空を飛ぶのである。種子を内包した果実が種子をのみこんだ鳥におきかわったのだ。種子の移動、そして播種には、風、鳥、（人間）、水流などがあるが、重さのある果実の場合、風はむずかしい。鳥の可能性が高くなる。人間の場合も、リンゴを食べた女が懐妊したりする。リンゴあるいは果実の種子の拡散と保存には鳥、人間、水流が働きうる。リンゴを産んだ女の場合、花が果実になる作用と人間が妊娠・出産する作用とのあいだに観念連合がある。人間を産む果樹もあり、また「三つのオレンジ」のように果実の中から人間がでてくる場合もある。桃でも同じである。「三つのオレンジ」では池に突き落とされると魚になり、その骨を埋めたところから木が生え、それを切って燃すと鳥になる。花が咲き、実になり、そこから子供が生まれるプロセスに、魚や小鳥のステージが挿入される。

「世界の民話」から

ベル姫（インド）

王子がベル姫を探しに行く。ジャングルの托鉢僧にベル姫を手に入れる方法を教わり、妖精の国でベルの木から実をとるが、ふりかえってはいけないといわれていたのにふりかえり石になる。托鉢僧が石に血をぬって生き返らせ、もういちどベルの実をとりにゆき、今度は無事にかえってくる。その実を切ると娘があらわれるが、悪い女に井戸の中に突き落とされ、蓮の花になる。その花をとって帰ると、妃になっている悪い女がベル姫の変身をみぬいて、花をひきむしって捨てる。そこからベルの木が生え、実をとるが、妃がまたそれを庭に捨てる。庭師がそれをとると、そのなかから幼いベル姫があらわれ

ベルノキ（西岡直樹画）

る。妃はまた讒言し姫は森へいって殺されることになるが、姫はみずから目をくりぬき、心臓をとりだす。目は鳥（インコ）になり、心臓は池に、体は宮殿になる。王子がそこへやってきて、鳥の言葉から真実をしり、最後に変身が解除され、ベル姫があらわれる。[21]木の実（果実）が姫になり、殺されて蓮になり、そこから姫があらわれるという二重、三重の植物変身をする。連続変身の原型とみなされる。[22]

ザクロ姫（インド）

オレンジやザクロから生まれた妖精は悪い女によって殺されるが、埋められたところからザクロが生え、実がなって、それを切るともとの妖精がでてくる。ふたたび殺されるが、埋められるとまた樹木になる。その樹木を切ってベッドにするが、燃される。その灰からまた樹木が生まれる。あるいは宮殿ができ、中庭に噴水があり、そこに鳩がいて、その鳩を殺すと妖精があらわれる。「花咲爺」、あるいは「ベル姫」である。杜松《ネズ》の木では死んだ母親が杜松の木になっている。そこに小鳥になった子供がやってきて歌をうたう。ベル姫の連続変身でも鳥のフェーズがはさまる。[23]

ミカン姫（中国）

『中国の民話』には「三つのオレンジ」とよく似た「ミカン姫」がある。インドの「ベル姫」にも似ている。オレンジがミカンになっただけの同工異曲だが、紹介しておこう。王子はミカン姫のことを聞いて十日馬を走らせてミカンの林につき、なかで一番大きなミカンの木に登って、金色に光るミカンをもぐ。すると大風が吹いて投げ飛ばされ、しばらく気を失っているが、気がつくと馬にまたがって戻ってくる。宮殿についてミカンをむくと美しい仙女がでてきて、ふたりは結婚する。しかし、悪い妖精が侍女になって近づき、ミカン姫を池に突き落としてミカン姫になりかわる。池には黄金の蓮が咲く。王子がそれを摘んでくると偽のミカン姫がそれを火中に投じて燃やす。すると灰からクルミの木が生えてずんずんと大きくなり、いっぱいに実をつける。その実を拾った母子がそれを窓かまちにおいておくと、そこから仙女があらわれて、親子の留守中に家事をする。偽のミカン姫がそれをみつけてまた火中に投ずる。しかし、その灰からみごとな宮殿がそびえたち、王子がそこを訪れるとミカン姫が待っている。ミカン―蓮―クルミ―宮殿と連続的に変身するが、燃やされて灰になってからクルミや宮殿に変化する。花咲爺の灰のモチーフもみられる。

ナツメの子（中国）

ナツメの木の下で昼寝をしていた女神の口のなかにナツメの実が落ち、女神がナツメの精を産み落とす。

　子のない老夫婦が月餅を食べながら、なかにはいっていたナツメの種を見て、これくらいの子供でもいたらよかったのにというと種が床に落ちて子供になる。やがて、ナツメの種の皮をむくと立派な青年になる。

花の木（チベット）

　王宮の庭に古い花の木があった。あるとき王宮の梁が腐り、とりかえなければならなくなった。庭中をさがしたが、使えそうな木は花の木だけだった。庭中の木が心配して相談したが、いい知恵はうかばなかった。そのとき花の木の根方に生えているクシャ草がまかせておけ、心配はないといった。翌日、樵が花の木を伐りにきた。樵たちが木をさわってみると、どこもぶよぶよして腐っているようにみえた。花の木を切ることはとりやめになった。庭中の木がほっとしたが、どうしたわけかわからなかった。実はクシャ草がカメレオンになって花の木の幹にはりついていたのだ。カメレオンの肌は木の幹と同じに変わっていて、樵にはわからなかった。彼らはカメレオンの肌をさわってぶよぶよしていると思ったのだ。[24]

三人姉妹（コーカサス）

　リンゴの木においてけぼりにされた女が血と涙を流しておそらく死ぬ。するとその血と涙からイグサが生える。さらわれた息子がやってきてそのイグサを折って笛をつくると「あなたの母が泣いている」と歌う。継母がその笛をとりあげてかまどで燃す。その灰を屋根の上にまく。その灰からポプラが生える。継母がそのポプラを切る。その切れ端がとんでゆき、ひとりの老婆が拾う。そこから女がでてきて、家事をする。

オレンジ生まれの娘（アルバニア）

オレンジを二キロ買ってきて食べる。最後のオレンジをとろうとすると、食べないでという。とっておくとどんどん大きくなる。そしてひとりでころがって学校へゆく。王子がそれをみてもらってゆく。留守中にオレンジから娘が出て家事をする。髪の毛をぬいて燃すと願いが叶う。

蛇の女王エグレ（リトアニア）

リトアニアでは蛇の女王エグレ（モミ）が樅になる。話の発端は白鳥処女の裏返しである。王女エグレが池で水浴をしていると、岸に脱いでおいた衣に蛇がはいりこんでとぐろを巻いている。蛇さん、あたしの着物を返してという と、蛇はぼくのお嫁さんになってくれるなら返してあげようという。王女はどうせそのときだけの口約束だと承知したふりをした。しかししばらくすると、約束通り王女を嫁にもらいたい、さもなければ軍隊を差し向ける、自分は海底の蛇族の王だというので、どうしようと無い知恵をしぼって、その辺を歩いていたガチョウをつかまえて馬車にのせて約束の場所へ送りだしたりするが、本物の王女をよこせ、さもないと恐ろしいことになるというので仕方なしに王女が海の底へゆくことになる。行ってみるともちろん豪華絢爛たる竜宮で、日々楽しいことばかり、子供たちも次々に生まれてすくすくと育ってゆく。あるときエグレは、うちへ帰っておとうさん、おかあさんに会ってきたいという。それだけはやめたほうがいい、きっと不幸になるからと止めるのだが、大丈夫、すぐ帰ってくるからといって里帰りする。浜辺まで送ってきた蛇の王様は帰るときはここへきて、これこれの言葉を言えば迎えにくるという。地上の宮廷では娘たちを歓迎し、なんとかいつまでもひきとめようとする。帰るときはどうするのかねと言って、秘密の言葉を聞きだしたエグレの兄たちが、こっそり浜辺へ行って秘密の言葉を口にする。すると蛇があらわれる。それを用意の剣や槍でつき殺す。さてエグレが竜宮へ帰ろうとして浜辺で秘密の言葉を口にすると、海が泡だって真っ赤な血の色になり、なつかしい夫の姿はあらわれない。何事がおこったのか悟ったエグレはそこに立ちつくして樅の木になり、つれてきていた王子はポプラの木になった。

ヒョードル・ソログープ「毒の花」（ロシア）

「それらの花からは目に回るような、重苦しい、疲れを誘うような香いが青年のところまでとどいた」「私どもを接吻する人は屹度死んでしまいます」「昔から毒に浸されたこの土地で、これらの毒々しい悪い花はその恐ろしい力を弥が上にも現したのです[25]」

魔法の木ハシバミ（ケルト）

フィンはハシバミの泉の魔女にとらえられる。ハシバミの知恵の実を鮭に食べさせる。その鮭を食べると知恵がつく。フィンの妻は悪いドルイドにハシバミの杖で打たれて鹿になる。

ハシバミの杖は地下水や鉱脈に反応する。

銅の森、銀の森、金の森（ノルウェー）

冒険旅行の王子は不思議な援助者の動物とともに、三つの魔法の森を通ってゆく。その森で一枚でも葉が落ちると森の主の魔物があらわれて取って食おうとする。援助者がそれにたちむかう。キツネ、オオカミ、馬などである。『北欧・バルトの昔話集』の中のノルウェーの「木の綴《つづ》れのカーリ」は牛にのって城を逃げだす。最後に牛の首を切って、皮のなかに銅の森、銀の森、金の森の木の葉をいれる。本来ならそのとたんに魔法がとけて牛のかわりに王子があらわれるところだが、この話では何事もおこらない。そのかわりに城へいって木の綴れを着て台所の手伝いに雇われる。木の綴れとは、木片や木の皮を綴りあわせたものだろう。森の野人の着るものである。ロバ皮や姥皮とおなじ「穢《けが》れの変身」だが、ここは森の精になったところだ[26]。三つの森を征服して、いまや木の精として世界の森を統御するのだろう。金の葉の森他は森のなかの鉱物資源をあらわしている。

牛は動物世界である。動物、植物、鉱物世界を変装によって経巡るのである。もちろん成人儀礼である。シンデレラなら牛は死んだ母親の霊である。ここはしかし首を切るのだからそうではない。金の鳥や命の水をとりにゆく冒険では魔法の城からそれらの宝物をとってくる。「灰色狼」だと命の水をとってきた帰りに狼の首を切って魔法を解除する。

水晶の城（フランス）

川岸に生えた二本の木がいがみあって、たがいに傷つけあっている。二本の木のあいだに棒を差しこんでわけをきくと、木は二人の男女になる。そこは冥界の入り口で、ふたりは和解して地獄ではなく天国のほうへのぼってゆく。[27]

王女イヴォンヌ（フランス）

イヴォンヌ王女は悪魔の城から逃げ出すときにオレンジの木に変身するが、魔法の杖を手のとどかないところにおいてきてしまったので、もとに戻れない。そこへ王様がやってきて実をもぐと血がでる。そこへ森の王のメルランがやってきて魔法をとく。[28]

七人兄弟（フランス）

「狼」が小指から血を吸いにくる。それを殺して埋めるとそこからきれいな花が咲き出る。その花をつんで洗濯物に香りをつけ、それを着ると鳥になる。[29]

緑の夫人（フランス）

トウヒのかたわらに「緑の夫人」があらわれ、守護神になるとともに裁き手になる。子供や老人を守る。そのあたりで骨折をした老婆にマントと食べ物を持ってきてくれたという。森で迷子になった子供を緑のマントで守ってくれたともいう。紡ぎの上手な娘が結婚をするときは緑の夫人がやってきてトウヒの枝をくれる。翌日、それが金の枝にかわっている（シャントレーヌ）。ポンタルリエではクリスマスのプレゼントをもってくる。

蛇女神ヴィーヴルがトウヒの幹に絡みついて、火をふく。

栗の木の聖人、サン・マルタン（フランス）

サン・マルタン（聖マーチン）は栗の木の聖人とされる。この聖人がアミアンで寒さに震える乞食にマントを半分裂いて与えたのが十一月十一日で、その後の数日、季節外れの好天がつづくのをサン・マルタンの夏というが、そのころ栗の取入れをおこなう。また十一月二日に栗を死者にそなえる風習もあった。これをおこたると死者がやってきて家族のものの足をひっぱってゆくといわれた。あるいは死者の日の前夜のご馳走に栗がでることもあった。あるいは若者たちが野原でたき火をして栗を焼き、その周りを踊りあかしたりもした（プロヴァンス、ラングドック、ドフィネ）。栗のいがが地獄あるいは煉獄の苦しみに相当し、焼けてはじけると、死者の魂が煉獄を脱して天国へむかうとされたのである。[30]

ふしぎな鹿（ロートリンゲン〔ロレーヌ地方〕）

鹿を殺してその心臓を埋めるとそこから不思議なサクランボの木が生える。その実をとろうとすると枝がはねあがる。いじめられている末娘だけがそれをとって王子に与える。

黄金の木の物語（ロートリンゲン〔ロレーヌ地方〕）

山の上に黄金の木が生えている。そのしたに黄金の泉がある。昔話の世界では鉱物世界と植物世界が接続する。

腕を切られた娘（ブルターニュ）

義姉の讒言で腕を切られて森へ捨てられた娘を飼い犬が養う。料理をくわえてゆく犬のあとをおって領主の息子が娘を発見し、嫁にする。姑が息子の留守中に贋手紙をかき、娘を追いだす。子供をふたりかかえた女が川で水を飲もうとすると子がすべり落ちる。それを抱きとめようとして腕を伸ばすと、腕が生える。夫と再会したあと兄の家へゆく。足にささった刺が大木になっていたのが、妹がふれると消える。ほとんど典型的な「手無し娘」の語りで、刺が大木になるのもよくみられるケースだ。[31]

マリア・ロセタ（スペイン）

お父さんはバラの木、お母さんはバラの花。花にも葉にもふれずにベッドを飛び越した女の子供、ベッドを飛び越すとはベッドをともにすることだろう。魔女が少女の頭に針をさすと鳩になる。鳩は王様に「笑いをもたらし、悲しみの涙をもたらす『嘆きの石』をひとかけら　生か死かを、たえずひきよせる女の髪、花の咲く女の髪」をもってきてと頼む。[32]

バラの女王（スペイン）

王様はあるときバラを一輪つみとった。それはバラの女王だった。バラの女王は王様のお妃を厄介払いしようとして、地下室へ閉じ込めた。そして王子を危険な泉へオレンジをとりにやったり、いろいろ危ない仕事を命じた。王子はしかし、不思議な老人におそわったとおりにして、難題をすべてのりこえた。最後にバラの女王の姉妹の城へいって、禁じられた部屋から、彼女たちの命のろうそくをとってきて、女王と姉妹を殺し、すべてもとどおりになった。[33]

月の花（ブラジル）

三人の子供がいた酋長は、跡継ぎを決めるために月の花を取ってくるように言った。三人のうち末っ子のスプがこうのとりにのって月へいった。月の花はおそろしい大蛇が番をしていた。しかしスプは前に助けたことのある動物たちの援助で、月の花を取ってくる。月からの帰りは、象が長い鼻を月までのばして助けてくれた。帰ってくると花嫁を探した。「わたしは月の花、満月の夜にわたしを摘み取れば幸せになる」。スプはそのとおりにした。[34]

「日本の民話」から

狐女房その他

見知らぬ女がやってきて嫁になるが、秋になって菊の花が咲くと、それを見ていて、いつのまにかしっぽが出てくる。四国の話では季節は春で、信太の森は花ざかりだという。[35] そこで出会った女があくる年、桜をみていてしっぽがでる。菊と桜とどちらが元かわからないが、文献では菊である。信太の森に菊が咲くというのもすぐにつながる連想ではないが、その森で桜が花ざかりというのもあまり聞かない話だ。埼玉の伝承で、子供に添い寝をしながらしっぽでハエをおっていたというのは愛嬌だが、蛇女房のように授乳をしているところをみると蛇だったというのとは異なり、狐の場合は季節のめぐりごとに山や森をなつかしむのであり、そのきっかけが秋なら菊で、春なら桜だが、自然の森や山なら躑躅《ツツジ》や萩がふさわしい。あるいは桔梗などでも里より山でよく見るものかもしれない。菊や桜は文明化していて、里の花である。しかしたとえばリンドウなどだと、山には生えていても、里ではめったにみかけず、それを庭先にみていてしっぽを出したとはなりにくい。逆にツワブキくらいなら里にも森にも生えているが、これをみて郷愁をかりたてられることもあまりない。フランスの話で猫が女に化けているが、ネズミが走るのを見て、猫の正体をあらわすというものがある。

異類女房が正体をあらわすのに蛤が鍋に小便をするところをみられるというのは、砂浜の蛤が潮を吹く生態からき

信太の森からきた葛の葉狐（『絵本百物語』1841〔天保 12〕年より）

たもので、郷愁からではなく、うまい汁をつくって夫につくしたい一念からである。一般に異類女房は故郷や素性に関する言葉やものによって本性をあらわして故郷へ帰ってゆく。折口はエグゾガミーの悲劇という。ヨーロッパの妖精譚では、たとえば、湖の妖精は湖のそばへゆくと本性をあらわして水のなかへ消える。インドでも蛙の奥方は水をみると蛙になる。狐の場合ススキが風にそよいでいるのをみたりすると狐の本性をあらわしてしまうというなら、なんとなくありそうだとも思う。菊はいささか文芸的すぎるかもしれない。

異類が男性である場合、典型的なのは猿婿だろう。猿は人間に化けてくるのではなく、猿のまま嫁とりをするのだが、女が里帰りするとき、谷川で女の求めに応じて花の枝をとろうとして川に落ちる。これは山に咲いている花ならなんでもよく、とくに何の花と特定はされないし、猿が好む花でもない。女のほうでもなんでもいいので、猿を厄介ばらいする口実でしかない。犬婿や蛇婿では花はどんな花にしろ出てこない。そのかわりに蛇婿入りでは瓢箪が登場する[36]。これは乾燥させて器にした瓢箪だが、「腰折れ雀」などで、雀が報恩のためにくれるのは瓢箪の種でそれをまくと米がつまった瓢箪がなる。

婚姻譚で花や果実がでてくるのは絵姿女房で、風でとばされた絵姿をみて懸想した殿様が女を召し上げるが、男が桃売り、あるいは花売りになってやってくると女が喜ぶので、殿様が桃ないし花売りと衣装、商売を交換し、男が殿様の後釜にすわる。遠野では柿と梨になる。いわき市では納豆売りだが、これはここだけである。南会津では蓮の葉売り、山形では栗売りで、魚売りはいない。難題型では、女房を返してもらうのに難題を頓智で解決するか、女房のたすけをかりて、ナスの種を畑一面にまくといった農耕試練をクリアする[37]。

雄花、雌花

種子島の昔話で「雄花、雌花」というものがある。女房が山賊にさらわれて、奪還にゆく。すると雄花が咲いているから男がきたと山賊たちがいう。女が、妊娠したから花が咲いたのだろうとごまかす。女がくれば雌花が咲く。この話は人の数だけ花が咲くというのがふつうで、雄雌の区別をするのはここだけのようである。人の数だけ花が咲くというのは山賊ないし鬼のすみかの話だが、「しるしの花」で、冒険にでる青年が、危険な目に遭えば、花がしおれるといってゆく場合は留守宅に咲いている花で、これは外国に多い話で、アカシア、バラなど西洋の花の場合が多い。日本ならさしずめ椿だろう。

梅の木屋敷

金持ちが落ちぶれて、夜中に金勘定をしていると知らない男がやってきて、俺のところを掘れという。翌日もくる。俺のところとはどこだとたずねると庭先を指さす。そのあたりの梅の木の根方を掘ると、大判小判がでてくる[38]。「夢買い長者」でも庭先の椿の根方を掘ると金貨のはいった壺がでる。

欅の大木

ある村の庄屋の屋敷に何百年にもなる欅《ケヤキ》の大木があった。ある年、不作で百姓どもが困っているのをみて、庄屋がその欅を売って、百姓を助けようと思う。すると欅が庄屋にいう。おれを切ろうとしているが、あと何年か待ってくれないか。じつは山に姿のいい欅があって、それとわりない仲になって、子ができた。その子が大きくなるまで待ってくれという。山へいってみると、なるほど姿のいい欅があって、その下に小さな木が生えている。それで、その年は欅を切るのをやめていると、思った以上の豊作で百姓どもも喜ぶ[39]。

山梨の怪

山寺で小僧が番をしていると大入道が来て、すり鉢をださせ、そこに糞をして小僧に食べさせる。食べると梨の味がする。あとをつけると、梨の大木のところで、姿が消える。あたりに梨のにおいがたちこめ、梨がいっぱい落ちている。その木の周りをきれいに掃除すると大入道はでなくなる。[40]「大歳の客」でも、熟柿の味のする糞をくわせる柿の精が出てくる話がある。あるいはその大糞がみな金になる。

奈良梨とり

ひとりで三人の息子を育てていた女が病気になり、山梨を食べたいという。三人兄弟が順番に取りに行く。途中、婆様が忠告をするが、上のふたりはそれを忘れて蛇にのまれる。三人目の弟が婆様のいうとおりに山道をゆく。笹が「いぐなっちゃがさがさ」といっているところでは「いげちゃ」というほうへゆく。すべて婆様のいうとおりにして山梨をとって帰ってくる。[41]

瓜姫子と天邪鬼

婆が川へ洗濯に行くと、箱が流れてくる。開けると瓜がでてくる。その瓜を切ると女の子がでてくる。やがて大きくなって、機織りをはじめる。天邪鬼がやってきて戸を開けろという。開けると、瓜姫を背負って桃採りにゆく。瓜姫が桃の木に登るともっと上、もっと上といって高い所へ登らせ、枝がおれて落ちて死ぬ。天邪鬼が瓜姫になりかわって機を織る。そこへ長者が嫁とりにくる。嫁入りの日にカラスが天邪鬼がかごにのってゆくと鳴く。[42]「桃太郎」と対をなすように思われているが、鬼退治はなく、逆に鬼（天邪鬼）に殺される。機織りはほとんどのヴァージョンにみられる。桃や柿を採りに木に登るモチーフも頻出する。最後はかならず嫁入りで、カラスがすりかわりを暴露する。

継子と菊の花

継子と連れ子がいて、後妻が継子をいじめる。父親が、娘たちに羽子板とまりだの、でんでん太鼓だのを約束して旅に出る。帰ってみるとふたりとも殺されている。池へゆくと池のほとりに菊の花が咲いていて、「お父さんかわいよ。はねっこもまりもいりゃせん」といって、父親のほうへにじりよる。「杜松《ネズ》の木」だと、小鳥が継母の罪をあばきだす。「瓜子姫」ではカラスがあまんじゃくのすりかわりを暴露する。ここは珍しく菊の花が真実を告げる。[43] 富山の話「継子とものいう竹」では殺された子供たちが筍になって、継母の罪を暴く。これも珍しいが、いかにも日本的である。竹のヴァージョンは島根にもある。[44]

たも木の霊

代々山子をしている家で、たも木を切って染料に使う灰をつくっていた。あるとき山小屋にこもっていると見知らぬ美女がはいってきて黙って立っている。おやじが子供をおこして話すと女の姿はどこにもない。外をみると恐ろしい山男が立っている。そこに産土の神があらわれて、あれは切られた木の恨みが女に化けてきたのだ、すぐに逃げるがいいという。たも木とは灰をつくる雑木のようである。この集では「金のナス」のヴァリエーションである「金のなる木」もある。[45]

キノコの化け物

お面売りが化け物屋敷に泊まるとキノコの化け物がでる。山のクルミの木に生えたキノコだが、クルミが腐って倒れたので、里へやってきた。お面売りと化け競争をやったりして、いろいろ話をする。話のなかで塩気が嫌いだというので、翌日、山ほど澄まし汁をつくって奥座敷の床柱に生えている大きなキノコにかけて退治した。[46]

上方参りをした木

村の者が五、六人上方参りをしたが、帰りに宿屋に泊まったところ、隣の部屋から女ふたり、自分たちのほうの言葉で楽しそうに話すのが聞こえた。聞いてみると隣村のお杉とお柳という。帰ってから隣村できいてもそんな娘はいないという。そのうち春になって木々に新芽が出たが、お堂の杉と柳だけは芽が出るのが遅かった。上方参りで遅くなったせいだろう。「松の木のお伊勢参り」という話もある。借りた路銀を返そうというので、財布にいれて松の木の枝にぶらさげていた。[47]

豆の大木

大きな豆を拾った爺がそれをまくと大きな芽が出てずん

ずん大きくなった。それを登ってゆくと雲の上へ出た。そこへ雷様がやってきて、雨を降らせるのを手伝わんかいという。よっしゃといってひきうけて、雨をたらしているとだんだん面白くなって、つい、手元がくるって大雨を降らせてしまう。下界を見ると洪水で、爺の連れ合いが洪水で流されている。びっくりして腰を抜かすと雲の上からおっこちて、洪水の水に流された。「ジャックと豆の木」の日本版だが、雷神と一緒に雨を降らせる話はほかにもある。[48]

Ⅴ　フランス文学の花と樹

フランスやイタリアの文学ではソローの『森の生活』やハドソンの『緑の館』のような「森林文学」は少ない。そのかわりに昔話が宮廷や都会の文芸サロンで語られ、「創作民話」あるいは童話が「親指小僧」の森や「眠り姫」の森を舞台にして語られる。一般の文学でも社会生活に参加する以前の子供たちが出てくるところでは森が描かれることが多い。『レ・ミゼラブル』のコゼットとジャン・ヴァルジャンが出会う森などがその例である。フランス文学における森は拙著『緑の森の文学史』で概観したが、ここではちょっとちがった植物相をとりあげる。

なお、若干イタリアの例をつけ加えたが、アリオストの『狂えるオルランド』などは、森の中で波瀾万丈の物語がつむがれる。

ピエール・ド・ロンサール『恋愛詩集』一五五二年

ロンサールという名前のバラがある。どちらかというと平凡なピンクのバラだが、バラに名を残した詩人は、バラを愛し、バラをうたった[01]。なかでも「カッサンドルへ」というオードは名高い。「恋人よ見に行こう。けさ、その真紅の衣を、日の光にひらいたバラが、今宵、まだ、その真紅の衣のひだも、あなたの肌のいろどりとみまがう色艶も失ってはいないか」。次の行は残酷である。「花の命は一日しかつづかない。このしおれた花のようにあなたの色艶がうしなわれるまえに、青春の花をつむがいい」。

今朝ひらいたバラが夕方にはもうしおれてしまうというのは誇張もいいところだ。ムクゲなどだと一日の命というがそれでも二、三日はひらいている。バラは四、五日は咲いている。切り花にしても二、三日はもつ。そうでなければ、バラをもって恋人を訪れることなどできはしない。しかし、この詩は、花の命は短い、朝咲いたバラは夕べには老残の醜さをしめすという。紅顔の美少女でもあっというまに老いぼれる。であればいまのうちに摘んでしまおうというのだが、青春の花を摘むとは何をさしているのだろう。花のさかりのうちに楽しもうというならわかる。花は摘んだら終わりである。木に残しておけば、まだ何日かは咲いている。花を摘むとは処女を奪うことと解されるが、この詩を捧げた相手の女がまだ処女の花を大事にしていたかどうか疑問である。現代の言い方では、バラ、あるいは花を摘みにというと、木陰で用をたすことをいう。処女を摘むなどということはいまどき時代錯誤もはなはだしいが、ロンサールの頃だって、宮廷にお目見えした乙女たちは、あっというまに処女など喪失していただろう。なお、バラを摘みにという言い方はスターンの『センチメンタル・ジャーニー』が初出とみられる。

淡いピンクのツルバラ「ピエール・ド・ロンサール」

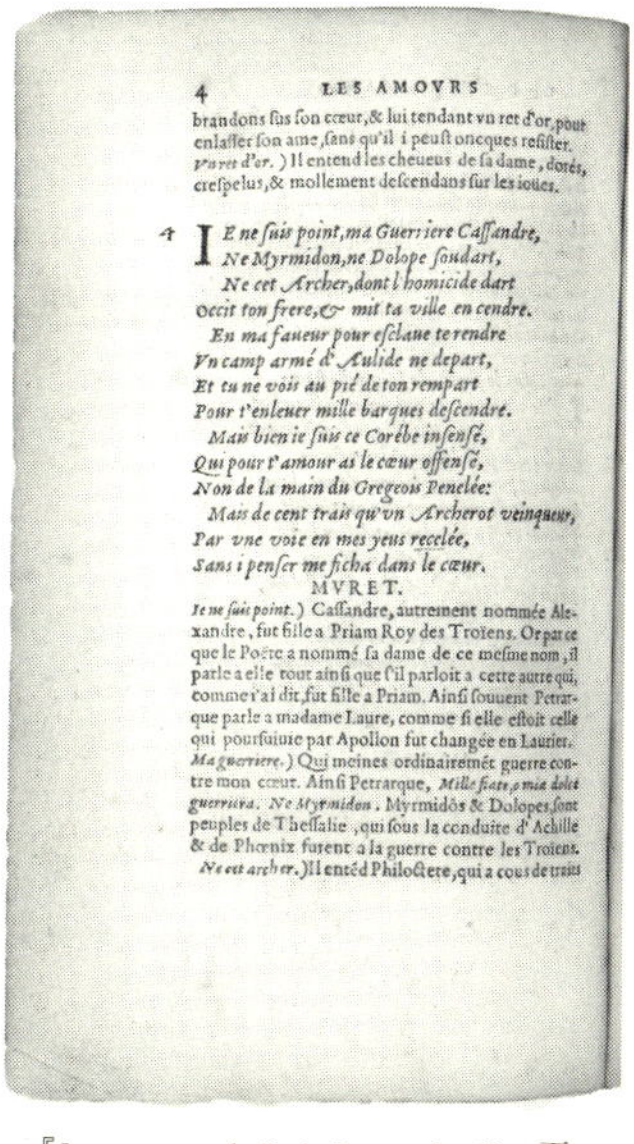

4　LES AMOVRS

brandons ſus ſon cœur,& lui tendant vn ret d'or,pour enlaſſer ſon ame,ſans qu'il i peuſt oncques reſiſter. *Vn ret d'or.*) Il entend les cheueus de ſa dame, dorés, creſpelus,& mollement deſcendans ſur les ioues.

4　*IE ne ſuis point,ma Guerriere Caſſandre,*
Ne Myrmidon,ne Dolope ſoudart,
Ne cet Archer,dont l'homicide dart
Occit ton frere,& mit ta ville en cendre.
En ma faueur pour eſclaue te rendre
Vn camp armé d'Aulide ne depart,
Et tu ne vois au pié de ton rempart
Pour t'enleuer mille barques deſcendre.
Mais bien ie ſuis ce Corèbe inſenſé,
Qui pour t'amour as le cœur offenſé,
Non de la main du Gregeois Penelée:
Mais de cent trais qu'vn Archerot veinqueur,
Par vne voie en mes yeus recelée,
Sans i penſer me ficha dans le cœur.

MVRET.

Ie ne ſuis point.) Caſſandre, autrement nommée Alexandre, fut fille a Priam Roy des Troiens. Or par ce que le Poëte a nommé ſa dame de ce meſme nom, il parle a elle tout ainſi que ſ'il parloit a cette autre qui, comme i'ai dit, fut fille a Priam. Ainſi ſouuent Petrarque parle a madame Laure, comme ſi elle eſtoit celle qui pourſuiuie par Apollon fut changée en Laurier. *Ma guerriere.*) Qui meines ordinairemét guerre contre mon cœur. Ainſi Petrarque, *Mille fiate, o mia dolce guerriera.* *Ne Myrmidon.* Myrmidôs & Dolopes ſont peuples de Theſſalie, qui ſous la conduite d'Achille & de Phœnix furent a la guerre contre les Troiens. *Ne cet archer.*) Il entéd Philoctete, qui a cous de trais

『*Les amours de P. de Ronsard*』の一頁
（1553年版　フランス国立図書館）

であれば、青春のバラとは、かならずしも処女のことではなく、要するに青春の喜びのことであり、花を摘むとは、なにかを摘み取ることではなく、美しいもの、楽しいものを享楽することと理解するべきだろう。それが一般的な解釈である。しかしだからといって、夕べのバラは老残の醜さというのはちょっと言いすぎではなかろうか。

いや、実はそうでもない。ロンサールにとってバラはむしろ死のにおいをたたえている。マリーの死を悼むソネットは「五月の木の枝にさくバラのように、わかさのさかり、初ざきの花がそのあざやかな色艶で空を嫉妬させるばかり

バラを手にした若い女性（フランソワ・ブーシェ画　18世紀）

だったのが、雨にうたれ、あるいは暑さのせいで、ひとひらひとひら、散りはてて、死んでゆく。それと同じように、天も地もほめたたえていたういういしい若さのさかりに、あなたは運命の女神によって命を奪われ、むくろとなってよこたわる。わたしの涙と哀悼のしるし、この乳をみたした器、花を盛った籠を受けたまえ。生きていても死んでいてもあなたのからだがバラそのものであるならば」。ここではバラは死んだ女の肉体そのものなのである。彼女を追悼するために美しいバラがとうたいだし、そのバラがひらひらと散ってゆくという。ロンサールにとってバラはしおれるもの、散ってゆくもの、死のアレゴリーでしかなかった。カッサンドルへのオード13では、「美はまっ赤なバラのよう、すぐにも死ぬもの」と歌う。「バラとはすぐに死ぬもの」なのである。

それに対してオード38はバラを讃える詩のようにみえる。しかしバラはここでも若さを謳歌する若者たちの比喩に使われたあと、それは一日の命といい、きのう、元気に話をし、旺盛な食欲をみせていた若者がいまは棺のなかによこたわり、名前しか残らないという。もっともこれは奇妙といえば奇妙な詩だ。冒頭「バラをワインのかたえにそそごう」という。バラとワインを飲んで悲しみをおいはらうのだ。バラとワインとは、なにか「太鼓を食べ、シンバルを飲んだ」というディオニュソス秘儀の秘密の合言葉と同じもののようにも思える。バラのリキュールもあることはあるが、ここは本物のバラだろう。食卓にバラの花びらを散り敷いて、ワインをかたむけようという。バラはウェヌスの花、ニンフの乳房、美神カリテスの冠、そのバラを散りばめてバッコスを呼びよせ、ともに酒宴をはろうという。ワインとバッコスはもとより同じものだが、死と美をかたった詩の最初と最後にバッコスが登場するのはしかるべき意味がなければなるまい。ロンサールはディオニュソス信徒であった。死と美をバラにひきよせて歌う詩人がディオニュソス教の世界観をもっていることをさりげなく明らかにしているのだろうか。バラを食べることは、ディオニュソス教と同根のイシス教では、動物態の試練を終える儀礼であることはアプレイウスの『黄金のロバ』にみるとおりだ。ロバになったルキウスはイシス女神の手からバラをもらってそれを食べると変身が解除される。ここもバラを食べるのはディオニュソス教の秘儀にあたるかもしれない。オード24では、バッコス崇拝が語られる。

ロンサールのバラはただのきれいごとではない。死を包みこむ美だった。金髪女性のピンクの女陰がバラにたとえられたなら、その奥には死の闇がひそんでいる。ボードレールなら、あの腐敗した犬の死骸を見にいこうというのと同じである（『腐肉』）。

ロンサールは森ではサンザシをうたったが、宮廷ではもっぱらバラをうたった。宮廷のバラは野の花とはちがった。カッサンドルへのソネットではバラのたとえで若い娘をくどいたが、マリーへのソネットを捧げたのは老いらくの恋の相手で、青春のバラというには歳をとりすぎていた。それにそもそもが、「ミニョンヌ（恋人よ）、バラを見にいこう」の詩でも、今朝咲いたバラがもうしおれている。青春のバラはいますぐに摘まなければしおれてしまうというものだ。青春の喜びはいつまでも続かない。じきに年増になり、しわがより、しなびたバラになって、やがて枯れ尽きる。桜以上につかのまのはかない美しさの象徴である。死のバラといってもいい。老いたロンサールはしきりに若いころかけめぐったガチーヌの森へ帰ることを願った。遠くなった耳はほとんど聞こえなかった。目もおとろえた。記憶もうすれた。宮廷への出仕を切り上げるのは時間の問題だった。それでもまだバラの花をうたっていた。老残の、しおれ、ひからびた花だった。

その伝統に連なるかどうか、ボードレールの『悪の華』

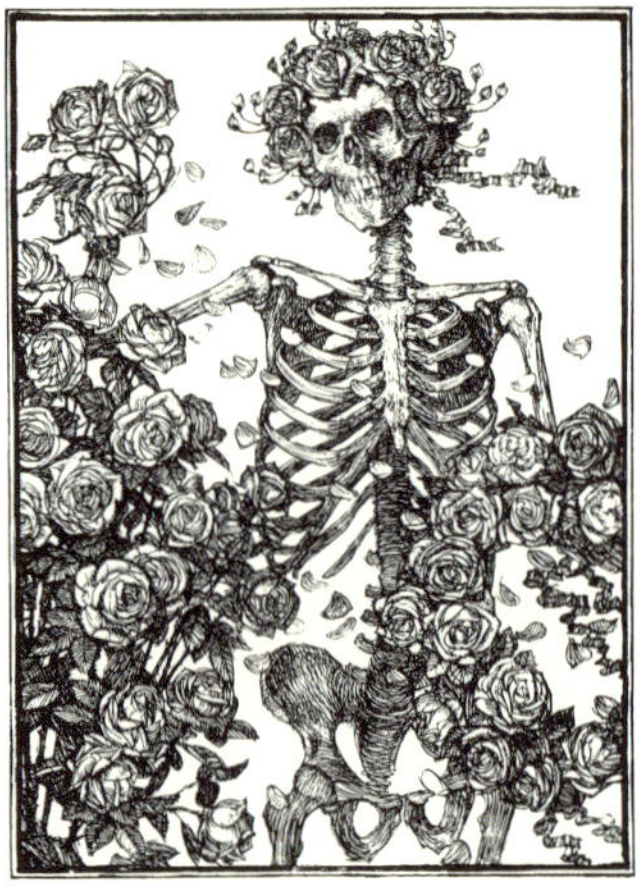
死のシンボルでもあるバラに囲まれた死神（エドマンド・サリヴァン画　1859年）

で例外的に描かれた花は死者のよそおいの花だった。『死の舞踏』で紹介されたプリマドンナはおおきな花束をもち、足の先まで花のような装いをし、その肉のおちた頭蓋骨には花の冠がかぶせてある。

　ランボーでも印象的な花は「谷間にねむるひと」で若い兵士の眠るような死体をやさしく包むグラジオラスだった。ちなみにこれを「あやめ」とした訳があるが、不適当だろう。グラジオラスは剣闘士グラディアトールと同じ語源の名詞である。死のイメージがある。花野は死者のにおいである。ランボーではグラジオラスは「座る人」にも出てくる。「トンボがグラジオラスの列のうえをとぶように」というのだが、「墨の花がコンマの形の花粉をはきだす」という行に続いている。「墨の花」とはなにかというのについては注釈がいろいろあるが、赤い花、黄色い花ではないのはたしかだ。

　グラジオラスはマラルメの『花々』ではユリやバラとともに、「明るい庭」に咲き誇る最初の花だが、辺獄の庭では、人生に倦《う》み疲れた詩人のための死とともに花開く。「花々」と「死」が何の違和感もなく接続する。

　グラジオラスが水辺の花なら、ヴァレリーではナルキッソスの変じたスイセンがやはり水辺の花になる。たしかにギリシャ神話以来、アネモネでもヒアシンスでもスミレでも美しい花は夭折した若者の死とひきかえに咲き出たことになっている。

　「美しい花には毒がある」「美青年は夭折する」「美しさと死は近い親類」。そこからフランス文学には腐敗や悪の花が咲きほこると断定はすまい。しかし「美しいものは早死にする」。フランス人ははかない美しさより人生を享楽することを選ぶ。したがってフランスの好みは往々にして醜いもの、奇形なものに傾く。あるいは彼らの好物のチーズなどもなかば腐って異臭を発するもの、かびだらけのものなどがとくに珍重される。ワインだって年代物の、つまりはなかば腐ったものがいいのである。

アンコリーだのオキナグサだのといった草花も暗赤色の異形の花である。それがいいのだろう。スミレでもフランス育ちのパンジーは、フランス語で物思いをあらわすパンセからでた名前だというが、その花びらに浮かびでた模様は人の顔のようでもあり、じっとみているとグロテスクにもみえてくる。（サント・）ヴェロニックという野草は日本語でいえばオオイヌノフグリで、日本語のほうがグロテスクだが、これも聖女ヴェロニカの顔だとか、あるいは彼女がイエスの顔をふいてやった布にイエスの顔がうつった故事にならって、とにかく、人の顔がみえるというのだが、オオイヌノフグリなどという名前にそぐわぬ可憐な花をいくらながめても人の顔にはみえてこない。フランス人は変な想像をするものだと思わざるをえない。

そもそもみんなにつまはじきされる醜いものを大事にするフランスでは、例えば、一時期、日本で猛威をふるって、いたるところで目の敵にされたセイタカアワダチソウなどが珍重されるかとおもいきや、これが分布していないまれな地がフランスなのである。もともとアメリカ原産で、日本あたりが真っ先にこの草に侵略されたのは進駐軍の存在にしろ、アメリカ好みの若者文化のせいにしろ、わからなくはなく、フランスにこれがはびこっていないのはフランスのアメリカ嫌いに由来するのだといえば、なるほどもっともだということになるかもしれない。しかしフランスで、このセイタカのアレロパシー（毒）の話をすると、誰もが感心して聞き耳をたてる。根から毒素を出してほかの植物の生育をさまたげるが、そのうち毒が自分自身にまわってきて、セイタカが矮小化してセイヒクになってしまう話は、前にもあちこちでした。日本でアレロパシーとか、フィトンチッドという概念が広まる前のことだが、あるとき電車に乗って沿線の風景をみるともなくみていたら、奇妙なことに気がついたのである。今年はセイタカの背が低いというので、そのときにそのことを学術雑誌にでも発表すればよかったかもしれないが、そんなことはしなかった。ただエセーに書き散らしていただけである。そのうち「セイタカ戦争」では日本在来種のススキが外来種のセイタカを駆逐するにいたって、最近ではあまりセイタカをみかけなくなったせいか、セイタカを知らない世代が登場してきたのは、私のような年齢のものには驚きだった。そんな若い世代の人が珍しく残ったセイタカの群落が花を一面につけているのをみて、「わあ、きれい、なんという花かしら」と矯声をあげていたのには驚いたものである。なお、この数年はまたセイタカの勢いがもりかえしてきている。「戦争」の行方は予断をゆるさない。

そのうちもうひとつちょっとした話題に気がついたのは、このセイタカ戦争で自滅したアメリカに、日本からアメリカ本土爆撃のようにして葛《クズ》がはいりこみ、テキサスをはじめとして、葛前線が全米に広がりだしているという話である。「美しいが危険である」と警告されている。森林が葛におおわれてしまう。その強烈な生命力に対抗できるものはいない。植物は地面に根が生えていて、なかなか移動ができないと思われているが、日本にやってきたシロツメクサ、タンポポ、セイタカアワダチソウなど、そして日本から海外へ進出した葛など、最初は一株、あるいは一粒の種だったかもしれないが、あっというまに広まるのである。「一粒の麦」である。フランスは意外にこの一粒の麦を大事にし、帰化植物の蔓延を許さない。といいながら、最近はサルスベリやイチョウを喜んで街路樹に植えたりしている。美しいものには目がないのか、あるいは、彼らの標準的な美の基準から逸脱しているからこそ、醜さの美としてサルスベリあたりを珍重するのかもしれない。そのうち「百日紅《サルスベリ》姫」ないし「百日紅夫人」などという作品がオペラにでもなるかもしれない。ダーム・オ・カメリアならぬ、ダーム・オ・ラーゲルストロミアと名乗る「宿命の女」が、日本とフランスを股にかけるのである。バラのほうはロンサール種だけではなく、欧米の品種が日本を侵略しつくしている。こちらには薔薇夫人はいない。

緑陰のルソー　『孤独な散歩者の夢想』一七七八

ジャン＝ジャック・ルソーは人間より樹木や花のほうが好きな自然人だった。[02] あらゆる人から迫害され憎まれていると感じるときは森へいってしずかに植物採集をし、ひとりで木陰に横になって夢想にふけるのが好きだった。人間嫌いの変人という評判どおりだったのである。

それでも、森に囲まれた建物で起居するなどということは、金持ちのパトロンに住まいを提供されるのでもなければ不可能だった。ただそれに近いものとして、『告白録』でも語ったが、サン＝ピエール島の生活が思い出される。「サン・ピエール島のように、ほんとうにわたしを幸福にしてくれたところ、深い愛惜の念を心に残したところはほかにない」。それに匹敵するのはパリ近郊十キロのモンモランシーのエルミタージュだ。[03] エルミタージュに移ったときはまだ冬の終わりで雪も残っていたが、「大地は、芽ぐみ始めていた。スミレやサクラソウも見受けられ、木々の芽は膨らみ始めていた。着いた夜はナイチンゲールの初音に、つよく印象付けられた」。翌日、目をさまして最初にやろうとしたことは「私をとりまく田園の風物の印象に身をまかせることだった」。そして手帳と鉛筆をもって散歩に出る。「モンモランシーの森が書斎」になった。野外でなければ書けないのだ。パリにいたときはサン＝ジェルマンの森まで散歩にでかけて、執筆の想を得たものだ。パリからサン＝ジェルマンは二十キロ近くある。最後はパ

エルムノンヴィルの庭園で子供たちに
植物を教えるルソー（18世紀の銅版画）

リの北五十キロのエルムノンヴィルの森の中で生涯を終えた。

サン＝ピエール島はスイスのビエンヌ湖の真ん中にあり、畑や草原や果樹園があった。かれはここでピエール島植物誌を書こうともした。「牧場の芝草の一つ一つについて、森の苔の一つ一つ、巌の上をおおう地衣類の一つ一つについて、一巻の本を」書こうとしたのだ。そこは彼の「平和を好む趣味にも孤独でものぐさな気質にもまことにぴったりで、（……）もっともはげしい情熱を感じたこころよい夢想のうちにそれをかぞえることができる」ところだった。しかしルソーをめぐる「敵意」はやむことはなく、市は彼にこの島に住むことを禁じ、退去するように命令するのである。

サン＝ピエール島で島の植物誌を書くこころみは挫折したが、その後、死ぬまで植物採集はやめなかった。「植物学は私の想像になによりも楽しく思われるあらゆる観念を寄せ集め、呼び覚ます。」「牧場、水流、森、人気ない場所、そしてなによりも安らかな静けさ」をそれは保証してくれる。

ルソーの著書『植物学の初歩を説く手紙』（1782年）に植物画を添えて刊行された『ルソーの植物学』（ルドゥーテ画、1805年）より「さまざまな花冠」

「ロベーラのあたりでおこなった植物採集をわたしは一生忘れることはあるまい。わたしはひとりだった。わたしは山のくぼ地にはいりこんでいた。そして、森を抜け、岩を伝って、生まれてからまだ見たことのないような野生のままの奥深く隠れた場所に踏み込んだ。黒い樅に巨大なブナが混じっていて、その幾本かは老い朽ちて倒れ、重なり合って」いる。

しかし、だれもいないと思った森の奥で、なにかコトコトという音がする。そちらのほうをうかがってみると、低いところに靴下工場があった。近代社会の都市近郊で、はてしない大森林などはあるわけがない。ルソーも工場があってもその森に満足していた。彼が好んだのは、人間社会から完全に隔絶した大自然ではなく、人の手が適度にはいった管理された自然だった。アルプスでも牧場の風景を好み、断崖絶壁の岩場は苦手だった。

　ルソーはまた散歩のおりに足元にツルニチニチソウがみられると感激した。

オノレ・ド・バルザック『谷間の百合』一八三五

「花の中での死」あるいは「花による死」はフランス文学ではバルザックの『谷間の百合』で描写されていた。ロワールのほとりの城館クロッシュグールドは愛の館のように思われているが、実はそこは愛の楽園ではなく、愛の地獄だった。病気がちなあるじはたえず癇癪をおこして怒鳴り散らしている。子供たちもつぎつぎに病気になる。モルソーフ夫人も心労にたえかねて死ぬのである。

　フェリックスが理想の女性を求めてさまよっていたとき、峠の中腹のクルミの木の下で眼下にひろがる岸辺を目にして（ちなみに谷間の百合、リス・ダン・ラ・ヴァレのヴァレは谷ではなく、岸辺・流域である[04]）、彼の探し求めている人が現実に存在するならそれはそこでしかないと言ったというのが、とんでもない思い違いだったことは、クロッシュグールドの滞在をきりあげてその地を去るとき、同じクルミの木の下で振り返ってみると、とうてい同じ景色とは思えないほど、あたり一帯が陰惨に暗く沈んでいたことをもってしても知られる。それはたんに春と秋の季節のちがいだけではない。クルミの木の下というのが意味があったのである。恋する青年が寄りかかる木は松でも、ニレでも、樫でもいいが、クルミでだけはないほうがいい。実はクルミは毒の木なのである。とくにその根からほかの生物を損なう毒の成分を分泌するので、麦畑などにはけっして植えない木である。その呪われたクルミの木の下から俯瞰したロワールの岸辺も緑の楽園ではなく、河畔に貧弱な柳がぼそぼそと生えている不毛の地だった。ロワール川のせいで、地下水位が高いにもかかわらず、水はけが悪い粘土質で、大きな木や、土壌の乾燥を必要とする小麦などは生育しない荒地（ヒース）である。革命でパリを追われたモルソーフ氏はそこで農園を経営して生活を安定させようとしたが、なにを植えても収穫は思わしくなかったのも当然だった。そうであればあるほど、モルソーフ氏の癇癪と暴力はいやまさり、モルソーフ夫人は息も絶え絶えになるのである。

バルザック『谷間の百合』の挿絵（1836年）

そのモルソーフ家に居候をするフェリックスはあるとき耕地にならずに放置した荒地で花をつんでモルソーフ夫人に捧げる。その花束をみて夫人はさっと青ざめる。そこにあったものは黒いオキナグサその他、不吉な花ばかりだった。夫人はしばらくして死の床へつく。そこへフェリックスが最後の見舞いに訪れる。むしろ臨終に立ち会うためにやってきたのだ。夫人はそれを知って、フェリックスをむかえるために娘に荒地で花を摘んでくるようにいう。かつてフェリックスが摘んだのと同じ花束である。それが死の床をかざり、棺桶にもいれられる。フェリックスはそれをみて「なんという応答」といって絶句する。「応答」とは交唱歌での返歌である。フェリックスが送った花束への返礼である。

そのくみあわせはオキナグサ、ヒルガオ、エニシダ、姫小判草、イヌ麦、風切り草、薬人参、山芹、砧草、仙人草、ノコギリソウ、ムラサキ華鬘、スイカズラ、ケシなどである。最後のケシはもちろん、そのまえの華鬘、仙人草、風切り草はオキナグサにまけない不吉な草である。知らずに口にいれれば痙攣をおこす。

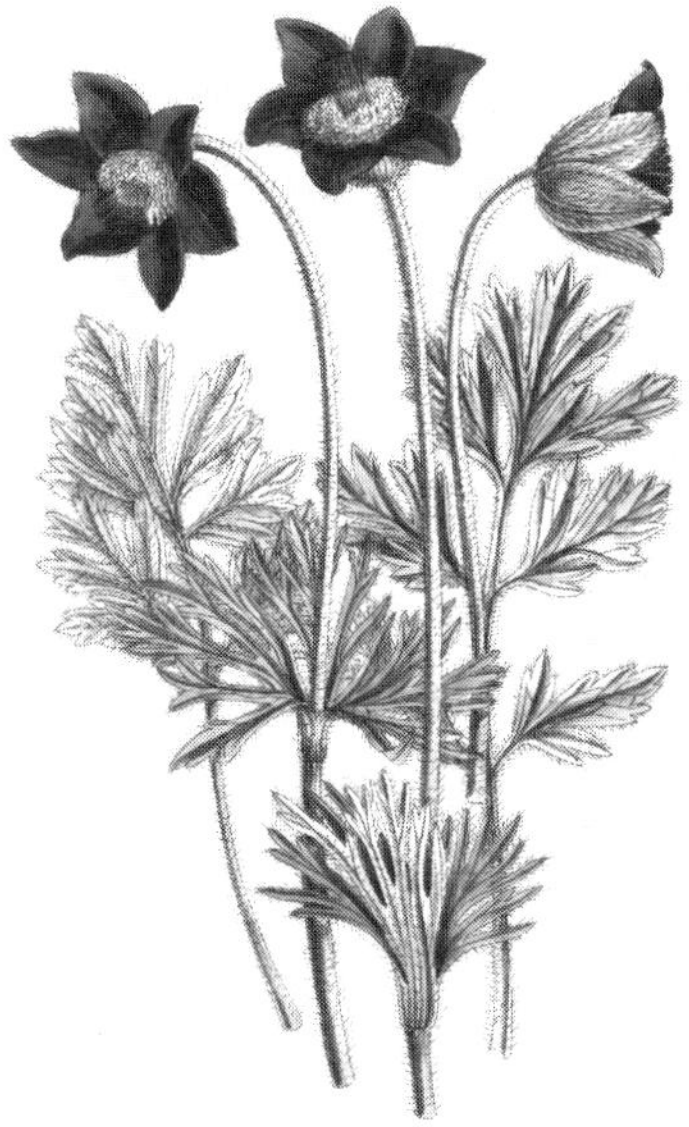
オキナグサ（『カーティス・ボタニカルマガジン』1902 年より）

仙人草については「毒の花」というホームページでつぎのように書かれている。[05]

全草が有毒で葉や茎の汁に触れると皮膚炎を引き起し、誤って食べると胃腸炎や嘔吐などを引き起こし、多量に食べると生命の危険もある。

ムラサキ華鬘についてはこう書かれている。全草にプロトピンを含み有毒。誤食すれば嘔吐・呼吸麻痺・心臓麻痺などを引き起こす。

スイカズラは忍冬という生薬で、解熱作用があるが、風邪薬でも大量に服用すれば死ぬ危険があるように、解熱剤でも危険である。

暗紫色の花のオキナグサは猛毒である。全草にプロトアネモニン・ラナンクリンなどを含む有毒植物。植物体から分泌される汁液に触れれば皮膚炎を引き起こすこともあり、誤食して中毒すれば腹痛・嘔吐・血便のほか痙攣・心停止（プロトアネモニンは心臓毒）に至る。

このオキナグサにふくまれる毒性ラナンクリンはキンポウゲ科のラナンキュラスほか、同科のすべてに含まれていて、牛もこれを食べれば倒れる。

エニシダ、ヒルガオも有毒である。[06]

ちなみにフェリックスがこれらの花をつんだ荒地（ランド、ヒース）について一言しておく。ランドというのは耕作に適さない石ころだらけの荒蕪地で、浅いところに粘土層があって水はけが悪く、ところどころに水たまりができる。したがって大木は生えず、生えるのは川辺の柳くらいである。麦やブドウも水はけのいい土地を好むので、適さない。牧草地として牛を放牧していることが多いが、有毒な雑草が生えているので、注意が必要である。フランス文学ではもうひとつ有名なランドはモーリヤックの『テレーズ・デスケルー』の舞台である。ボルドー近郊の海岸の砂地地帯で、耕作ができないので放置されていた荒蕪地を政府が奨励して松脂をとるための松林にした。しかしもともと草木の生えない土地だから、松林のなかでも下草が生えず、小鳥も鳴かない。リスなどの小動物もすまない殺風景なところで、テレーズはそれを鉄格子のはまった牢獄のように思った。林立する松が格子にみえた。見渡すかぎりの松林は巨大な松脂工場で、合成樹脂の登場で松脂の需要がなくなると、つぶれた会社の操業を停止したがらんとした工場を思わせた。[07]

ランドが最初にフランス文学に出てくるのはロンサールの詩においてだ。彼のロレーヌ地方の故郷、ガチーヌの森はランドに近い荒地の森である。普通名詞としてのガチーヌは辞書を引くと「沼の多い不毛の土地」とある。固有名詞となっていて、森が生成されてはいるが、ゆたかな植生の森ではなく、森林荒蕪地である。フランスではアルプスやピレネーのほう、あるいはジュラ山地のあたりに樅《モミ》の美林があるほかは、中央山地に樫の林があるが、ほかは小麦畑か牧草地で、そのあちこちに叢林が残っているのはわずかな防風林である。ブルターニュの森には革命時代は王党派が「ふくろう党」を名乗ってこもったが、どちらかというと木々がまばらにはえた疎林である。昼なお暗い大森林ではない。まばらな木をすかして、トリスタンとイズーのような逃亡者もすぐにみつかるようなところである。国王が狩りの催しをするときは馬車をつらねて森のなかを走らせた。馬車が走れる広い道が縦横にとおっている緑地公園というところである。

いぬさふらん
秋の牧には毒がある
だが見る目にはうつくしい
牡牛は草を食べながら
いつとはなしに毒される
目の暈の色　リラの色
いぬさふらんが牧に咲く

アポリネール／堀口大学訳

アレクサンドル・デュマ・フィス『椿姫』一八四八

椿姫（ダーム・オ・カメリア）の墓は白椿でうまっている。彼女は生きていたあいだ、芝居の初日にはかかさず見にいった。そして彼女の桟敷のまえには、三つの品がそろえられていた。オペラグラスと、ボンボンと、椿の花束である。月の二十五日は白椿、あとの五日は赤だった。その理由はわからない。あるいはパトロンの老公爵が来る日は

『椿姫』の挿絵（1848 年）

白で、来ない日、つまり自由が利く日は赤だったのかもしれない。また月のものの日は赤だったのだろうか。「だれ一人として、マルグリットが椿の花よりほかの花をもっているところを見たものはなかった」。椿は日本原産だが、ヨーロッパにはポルトガルの商人の手で十六世紀にもたらされ、十九世紀前半には大流行をする。ナポレオンの妃のジョゼフィーヌが好んで、流行に火をつけた。

椿姫は漆黒の髪をしていた。フランスでは本当の金髪がまれであるくらい、漆黒の髪もまれである。たいていが色の濃淡はあってもブリュネット（栗毛）だから、つややかな黒髪はエキゾチックで、うらやましがられる。浮世絵が流行していた時代だが、ある種の日本趣味でもてはやされたのかもしれない。すこしあとのロチのマダム・クリザンテームは名前（お菊さん）からきていたが、十九世紀後半には日本趣味が広まっていたのである。椿姫は田舎からパリにでて、裕福な貴族の囲い者になり、その貴族が破産をするとほかの好色漢にのりかえ、その男も破産させ、つぎつぎに男たちを手玉にとって、すくなからぬ男を自殺させ、あるいは破産させ、自身も結核におかされて二十四か五ではかない命をとじた。語り手が椿姫を本当に見たのは改葬のために墓をあばいて、棺桶をあけたときだったのは象徴的である。死んでからだいぶたっていたせいで、あばかれた遺体は腐敗がすすんでいて、目は陥没してふたつの黒い穴になっていた。当代一の遊び女が天然痘にかかって二目とみられない顔になって死んだなどという物語もあり、宿命の女が仮面をかぶった骸骨にすぎなかったという怪談もあって、女の美はつかのまのものというのを椿の花で象徴しているのかもしれない。椿はひとひらずつは散らず、花

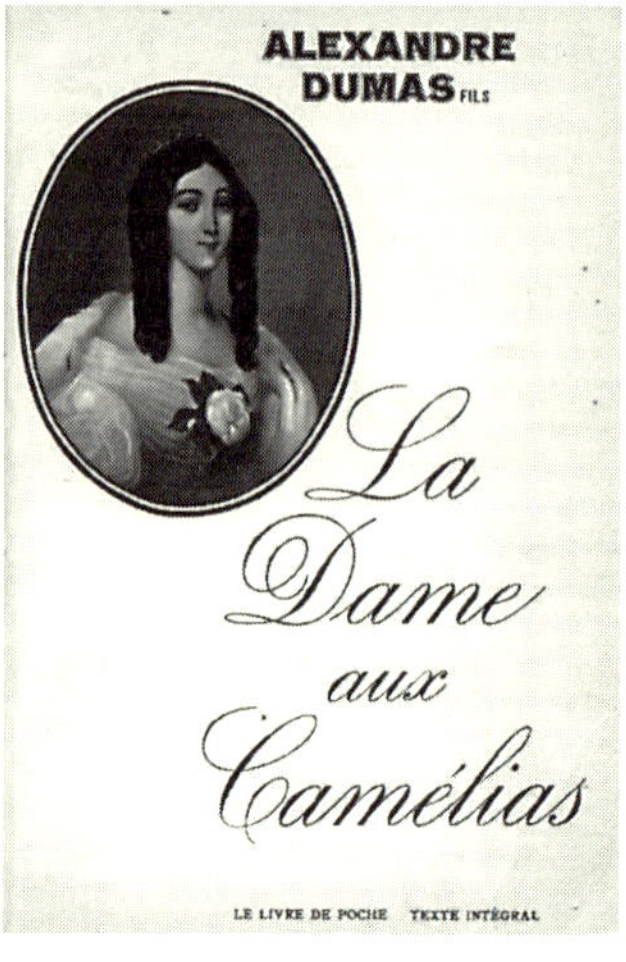

『椿姫』の表紙

のおわりにはぼたっと花ごと落ちる。ロンサールのように青春の喜びをバラでたとえるなら、椿は年増の愛情にふさわしいかもしれない。美しい女をたとえるならボタンやシャクヤクもいいけれど、牡丹夫人というといささかシノワズリー（中国趣味）のきらいがある。ランとなると、たとえばプルーストのカトレアのように性愛を直接喚起するところもある。形が性器をおもわせたりするのである。ヒナゲシや可憐な野の花は宿命の女にはふさわしくない。虞美人草とは名ばかりである。

からみあう執念　ジェラール・ド・ネルヴァル

フランス文学ではブドウとニレがからみあう様子が男女のからみあう愛情の表現とされていることは、アラン・コルバンの『緑陰の楽しみ』に説かれる。そのひとつがネルヴァルの詩「廃嫡者」（一八五三）だろう。第二連、「返してくれポシリポの丘と、イタリアの海、それにバラとブドウのからまる棚[08]」。ポシリポの丘のバラのからまるブドウ棚の下で、青い海を見下ろしながら、パリの青年とナポリの女が熱い抱擁に時を忘れた。バラは女を、ブドウは男を、あるいはウェヌスとバッコスをあらわしている。このブドウ棚はフランチェスコ・コロンナの『ポリフィルスの夢』のフランス語版のマンテーニャによる挿画にもみられる。イタリア式庭園の舞台装置である。その背後にはもちろんヴェスヴィオが噴煙をあげている。山と海がまじわるところである。バラとブドウ、ウエヌスとバッコス、パリ男とナポリの女、山と海、いずれも男性原理と女性原理である。植物の絡み合いに永遠の愛をみるのはたとえばピラモンとバウキスの神話にもみられる。山中の老夫婦のところにゼウスが訪れてもてなされたあと、願いをかなえてやろうというと、望みは相ともに死ぬことというので、二人を二本の木にした。二本の木々はたがいに枝をからませて仲むつまじくすごしたという。この話はノディエの『トリルビー』の最後をおもわせる。愛する女の墓穴に飛び込んだトリルビーは、かたわらにそびえる木の幹に閉じ込められ、そうやって女の運命（死後の運命）にしっかりとからみつく。それに対する生きた男女のからみあいは木にからまる蔦、あるいはブドウ蔓で、ほとんど文芸的なクリシェ（常套句）になっている。たとえばロンサールの『美しきマリオンへ』で「きみはめざめて、私の首に腕をからませ、口づけをする、ニレにからまるブドウのように」という。

『ポリフィルスの夢』の挿絵（1546 年）

「廃嫡者」の第二連「返してくれ、ポシリポの丘とイタリアの海、悲しみの心にかなった花、それにバラとブドウのからまる柵を」では、「花」は「星」「黒太陽」「メランコリア」とおなじくイタリックである。ポシリポの丘はそこから青い海へ飛び込もうとした死の誘惑の場所である。棚は、その下で英国娘をまっていた待ち合わせの場所の格子棚である。であれば、「花」はジプシー女の部屋で聖女ロザリアの像を飾っていた紫のバラであろう。あるいはその女そのものかもしれない。「星」がパリの女優を、「花」がナポリの女をさすという解釈は定説だろう。

おなじ「紫のバラ」が六篇目のソネット「アルテミス」にでてくる。「手に火のあふれるナポリの聖女、紫芯のバラ、聖女グズラの花、その十字架は空の沙漠でみつけたのか」。

そのあとで、「落ちよ、白バラ、深淵の聖女がよりとおとい」というので、紫のバラは地獄の炎につつまれて西の空にたちあらわれるかとみえる聖女をあらわしているだろう。

そのまえには「十三番目が回帰する」という冒頭句のあと、七行目「それは死神、あるいは死んだ女——おお悦びよ、おお苦しみよ！　その手のバラは彼岸のバラ」とある。「彼岸のバラ」（Rose trémière）とは俗には「タチアオイ」で、語源的には「海のかなたのバラ」あるいは「死のバラ」である。夢と狂気の記録『オーレリア』では、夢であった妖精が彼を死んだ親類たちの家へみちびいてから、庭に出て、ぐんぐんと大きくなって自然のなかにとけこんでゆくのだが、その時、彼女がもっていたのが「長いタチアオイの茎」だった。タチアオイ、あるいは「死のバラ」とは、死の世界、あるいはあの世へみちびく「黄金の枝」のようなものと理解される。「アルテミス」でも、「死」であり、死んだ女である幻が手にしたバラはタチアオイであった。それを「紫芯のバラ」といいかえている。

『シメール』二篇目の「ミルト」では、「ウェルギリウスの月桂樹の枝の下、青いアジサイが緑のミルテとからみあう」。ミルテが美神ウェヌスを、アジサイが男性名詞で、あおざめた青年をあらわしている。ミルテは五篇目の「デルフィカ」でも出てくる。イチジク、月桂樹、オリーブ、柳とならんで出てくるので、緑の木としてで、花としてのミルテではないかもしれないが、華やいだイメージであることにかわりはない。「シメール」最後の「黄金詩」では「すべての花は花開く自然の魂」と歌う。その例は短編集『火の娘たち』の一篇『シルヴィ』（一八五三年）だろう。

『シルヴィ』は「花束祭」で故郷のヴァロアへ帰る演劇青年の不幸な恋の物語である。一度、月夜にともに踊った城の娘アドリエンヌを思い切れずに折にふれては故郷へ戻るのだが、実は娘は修道院へ入れられたあと、早く死んでいた。そのことをいつ知ったのかさだかではないが、かわりに生涯をともにしようと思ったシルヴィの口からあるとき、それを知らされていた。おそらくそれからは、しばらく、ヴァロアへは足が遠のいていたのだろう。それが、ふと手にした新聞に、ヴァロアの花束祭のことが出ていて、それが明日だというので、急に思い立って夜の駅馬車でヴァロアに向かうのである。道々、並木のリンゴの花が「地上の星のように」夜のあいだ花開いている。恋人を星にたとえる詩人である。「地上の星」にも無関心ではいられない。花束祭というのが花祭である。青年にとっては弓の祭だが、娘たちにとっては花の女王を選び、弓の王との婚礼を祝う花の祭である。花束を満載した山車に花の女王がのり、それを白い衣裳の娘たちが色とりどりのリボンで引いてゆく。その花祭に、そのあたりで育った主人公は幼なじみのシルヴィとともに加わるのがならいだった。そんなある年の祭に、そのまえで踊る城の主の娘がたまたま加わって、主人公とふたりで踊ったのだ。そのアドリエンヌ、「月光に花開く夜の花」とは、その後、会うことはなかった。ただ彼女のはいった聖S修道院の演劇の夕べに、彼女が「地獄の聖女」を演じているのを見た。地獄の聖女とは、はりつけになって死んだキリストが地獄へくだって、そこにとらわれている罪人たちを救ったという伝説をめぐって、その時、キリストとともに地獄へくだった聖女、ないし天使をさす。ネルヴァルのいう、「白い聖女よりなお尊い深淵の聖女」である。それは一夜の幻だったが、パリへ帰った彼は、いつもかよいづめている劇場で、彼にとりついていた幻があらわれるのを見た。アドリエンヌが修道院を抜けだして、女優になっているのではあるまいかという、彼自身馬鹿げたとみなす夢にとりつかれる。それでもヴァロアの花束祭の記事をみれば、そちらにかけつける。その道々、「地上の星」のような白い花が咲くのである。馬車のなかで、いままでの花束祭の思い出がよみがえる。ある年の花束祭

『シルヴィ』の表紙（1929年）

では、祭のあと森をさまよってから、シルヴィの家へ行って、一緒に「おばさんの」家を訪ねていった。みちみち「ルソーが愛したツルニチニチソウ」の青い花が咲いている森をぬけると、「真っ赤なジギタリスがひとむれ咲いている」ところに出た。シルヴィはそれをつんでおばさんの家へゆく。そこでは、しまってあったおばさんの昔の婚礼衣装をとりだして、ふたりでそれを着て、むかしの花嫁花婿になった。しかしむかしの婚礼を演ずるならパリの女優のほうが一枚も二枚も上手だろう。やがて、その女優にいれあげて、ヴァロアのことは忘れかけていた。それがふとしたきっかけで、そのヴァロアに戻ってきて、また同じあたりをさまよったあと、かつてアドリエンヌと踊った城の前へ出る。そこで奇妙なことが起こる。城の前の堀には「つかの間の花がちらばり、水音がし、羽虫がとぶ」「たちのぼる悪い空気（瘴癘《しょうれい》の気）をのがれなければならなかった」。たまり水が腐って、悪臭をはなっていたなどということではないだろう。水がごぼごぼと音を立てているのである。立ち上ってきたのは「悪い空気」ではなく、「おそろしい過去の亡霊」だったのだ。そこへくるまでも「テーブ川が水音をたて、屈曲部には黄色や白の睡蓮が咲き、水の星がウマノアシガタのように繊細な刺繍さながらに花ひらいていた」。水が星のような花とともに亡霊を呼びだしたのだ。フランドル街道では「地上の星」が花開いていた。森を抜けたあとのテーブ川には睡蓮や「水の星」が咲いていた。そしていま城の堀に黄色い花が咲いている。「夜の花」「地上の星」「水の星」が導いたもの、それこそ「月光のもと

『シルヴィ』の挿絵（1929 年）

で花開いた夜の花」だった。このとき彼はアドリエンヌが死んでいることをすでに知っているのである。その死んだ女との思い出の場所にきてしまったことにふいに気がついて、「のがれなければならない」という。どこへ？　「バラ色のヒースがみどりのシダをきわだたせているランド（荒地）」のほうへ。青いアジサイとミルテ、ブドウとバラなど、花とみどりは女性と青年の隠喩である。バラ色のヒース、荒れ野に咲く野の花はシルヴィだろう。「夜の花」のまぼろしをのがれて、シルヴィのほうへむかう。しかし、そこではシルヴィの許嫁を紹介される。アドリエンヌは死んだ。シルヴィにはすでに許嫁がいた。女優は？　彼女もまた彼に、「このひとと一緒になるの」と男を紹介する。「そこに幸福があった」と回想するヴァロアで、死んだ女の幻を追い求めていた主人公は現実に裏切られる。水の花はもう咲かない。

ネルヴァルの花は地獄ないし深淵の花だった。その点は神話学者ジャンメールのアンテステリア祭についての記述が参考になる。

『シルヴィ』の祭りは古いドルイドの祭りを代々くりかえしてきたものだという。古いドルイドの祭りは古代ギリシャではディオニュソスのアンテステリア祭に等しかった。作者はこの二つの社会の古代を意図的に混同している。ジャンメールはこのディオニュソス祭について、この祭りの期間に死者の魂が戻ってきて、それらとともに大地の奥底から、他界の悪しき力であるミアスマ「癘気《れいき》」の運び手、ギリシア人がケールたちと呼んだもの、が出現するという。たちのぼるミアスマとは、『シルヴィ』のエルムノンヴィルの場で、水草の花が咲く堀の水からたちのぼる「癘気」である。

エルムノンヴィルの城の前で、「瘴癘の気がたちのぼる。逃げなければならない」といっていたのは、このジャンメールの指摘する死者のよみがえりの場に相当する。ミアスマ（悪い空気）とは亡霊の気だった。

悪の花、死の花

ボードレールの『悪の華』（一八五七〜六一）には具体的な花はひとつも出てこない[09]。フランス文学自体、野の花にはおおむね無関心である。宮廷文学、都会文学であり、ひねくれたフランスの読者を相手にした文学だったからであろう。そして都会のひねくれものの「花」といえば造花か、あるいは女性のからだをたとえた隠喩の花か、でなければ毒の花、悪の花なのである。日本で数多く出ている「花の文化史」のたぐいは多くがイギリス文学に題材をとったもので、それも世紀末のラファエル前派的な妖精が出てくるような作品が多いのである。そして同じ時代でもフランスの世紀末といえば、腐敗と退廃の花が花開く時代である。妖精といってもフランスでは蛇妖精メリュジーヌや、二百歳はゆうにこえているという乞食の老婆（ノディエ『パンくずの妖精』）で、イギリス風のすきとおる衣をきて、おなじく透き通る羽でひらひらと舞う妖精ではない。イギリスとフランスでは、海峡を渡っただけでかくもちがうのである。

日本ではというと、花は桜で、花の下にて春死なん、という死と結びついた花で、桜の木の下には死体が埋まっている（梶井）。あるいは、満開の桜の森の下で鬼がでて人を食う（安吾）。でなければ『源氏物語』で、藤壺、花散里などである。あるいは能の「定家葛」で、思い残した女の墓に蔦となってからみつく怨霊である[10]。日本の花の文化は怨霊の文化である。これもイギリスともフランスともち

『悪の華』第三版の扉絵（フェリシアン・ロップス画 1866 年）

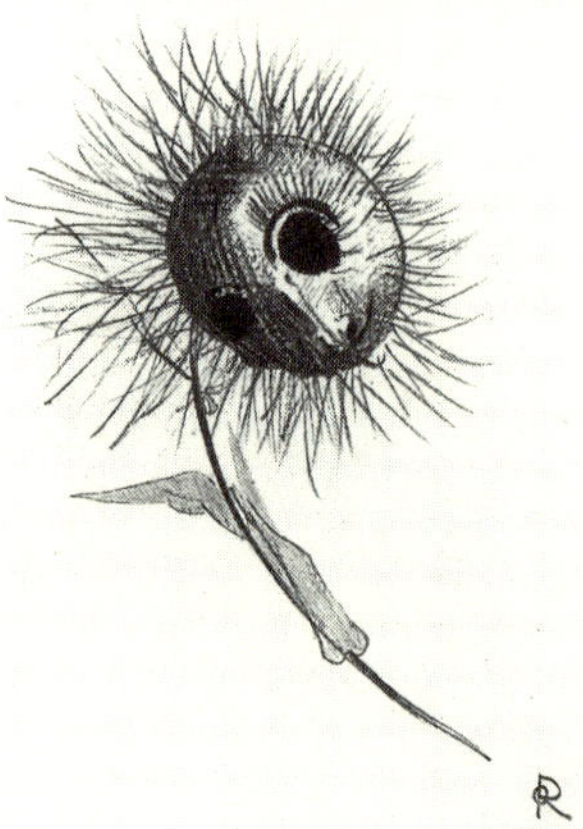

『悪の華』挿絵（オディロン・ルドン画　1890 年）

がっている。

『悪の華』には花がない。フェリシアン・ロップスによる装丁では何の花かわからない花が骸骨のまわりにひょろひょろと生えている。あるいはルドンの目玉の花などでもよさそうである。いずれもどこにもない花である。マラルメが「花という。するとその音がきえたあとに、どこにもない花がさきほこる」と言った。フランス文学では花というとどこにもない花が喚起されるのである。どこにもない青い花ならドイツロマン派である。フランスではむしろ黒い花が好まれる。デュマの『黒いチューリップ』であり、バルザックの黒花のオキナグサである。ロマン派好みのアンコリー（オダマキ）も、白花よりはメランコリーと韻をふむ黒花である。オダマキには白、黄、青、紫、黒といろいろな色がある。とくに花弁のようにのびた萼《がく》が黒茶色で、白い花をおおっているものが暗い森の下草に咲いているとぎょっとする。トラサールという現代の詩人に「アンコリー」という作品がある[二]。

ランボーの「酔いどれ船」は「信じられないフロリダ」に漂着し、「人肌の豹の目が草のあいだに見え隠れする」というが、これは豹の目の草ともよめる。どちらにしてもおなじことで、草のあいだに豹の目がみえる。豹の目のような花かもしれないし、花のような豹の目かもしれない。すこしあとの時代になるが熱帯性ジャングルで笛をふく魔女を描いたアンリ・ルソーの絵も思い出される。ジャングルの中には笛の音につれて鎌首をもたげる蛇が何匹も描かれている。びっしりとしげったジャングルの下草のなかにはもっとおおくの蛇がいるかもしれないし、蛇以上におそろしいものがひそんでいるかもしれない。世紀末の作家、ミルボーの『責め苦の庭』は、中国南部に設定した架空の処刑場をかねた庭園に咲きほこるエキゾチックな花々を描いた。男根をつきたてたような花、女陰のような割れ目から毒液をだして虫を捕食する花、赤や黄色の原色の花々がところせましと咲きほこる。そこで陰々とひびく鐘の音は、「鐘の責め苦」を執行されている男の体の上で鳴っている。それは愛撫の責め苦である。

おなじころ出たジャン・ロランの『フォカス氏』では、主人公のところへ、彼をたえず悪へさそう友人から数十束のイチハツが届けられる。青いアヤメや黄色いアイリスが無邪気な美しさをきそう花なら、ここに送られてきた赤茶色のイチハツは死と退廃の色につかった毒の花である。それを部屋にいれて窓をしめきって寝れば、もしかしたら花の毒で窒息死するかもしれない。シャクヤクだったら、四、五輪の花をいけた部屋を密閉しただけで、頭がくらくらしてくる。ゾラの『ムーレ神父のあやまち』（一八七五年）では、捨てられた娘《こ》が森の花という花をつんできて、部屋を閉めきって寝て自殺する。そこにははいっていないが、ジギタリスやトリカブトなら確実に死ぬ。ゾラが列挙した花はバラ、ナデシコ、ヘリオトロープ、シトロネル、ハッカ、ヴェルヴェーヌ（クマツヅラ）、ウイキョウなどで、ここにはそれほど強い毒性や幻覚作用をもったものはないが、彼女がもってきた花束のなかには気づかずに夾竹桃《キョウチクトウ》やジギタリスやトリカブトやヒペルカムがはいっていたかもしれず、いずれにしても花にうずもれて彼女は死ぬのである。「花の下にて春死なん」である。

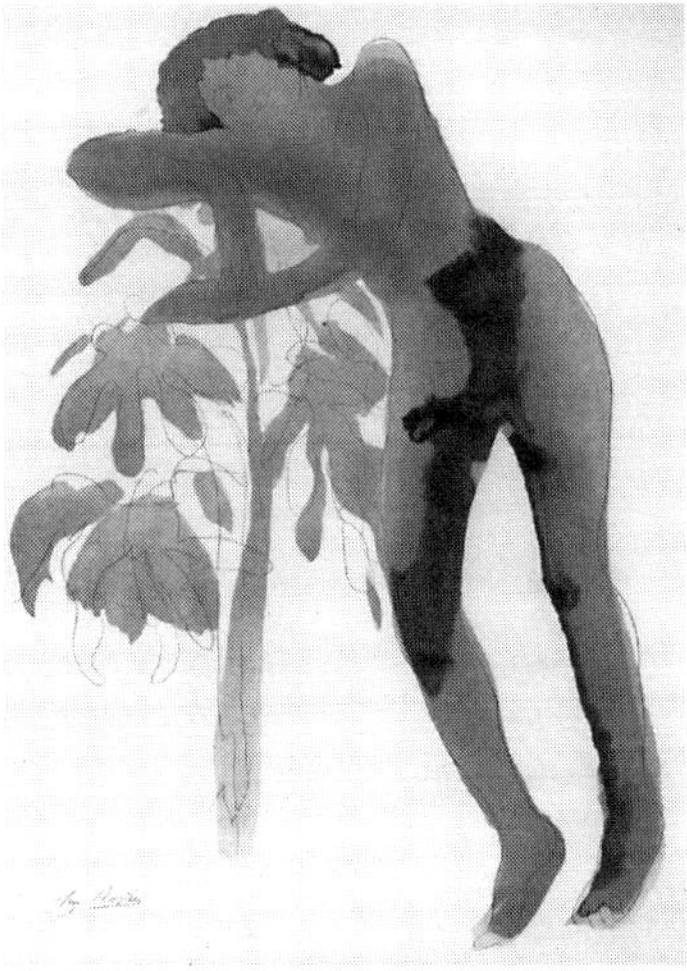

『責め苦の庭』挿絵（オーギュスト・ロダン画　1902年）

死の花なら、ボリス・ヴィアンに『うたかたの日々』がある（後出）。クロエの胸のなかに芽生え、成長し、命を吸い取ってゆく睡蓮はもちろん結核の隠喩であろう。それに対抗するように部屋を花でいっぱいにしていたが、もしかしたらそのせいで息ができなくなったのかもしれない。中の花も外の花もどちらも生命を吸い取る貪欲さをもっていた。もうひとつの死の花はアポリネールの「いぬさふらん」（前出157頁）だ。「秋の牧には毒がある」。その毒でみちた牧場で牝牛が草をはみ、ゆっくりと毒がからだにまわってゆく。生えているのは紫色のクロッカスである。これを食べると牛でも斃れるという毒草である。それと似て、男を酔わせる女の美しい目にも毒がある。あるいは「クロチルド」でメランコリアと韻をふむアンコリー（オダマキ）が「メランコリアの眠る庭、アネモネとおだまき草がはえている」。そこに幽霊がやってくる。「僕らの幽霊もやってくる」「おまえも追ってゆくがよい。恋しいお前の幽霊を」（堀口大学訳）。いうまでもなく、アンコリーが幽霊を呼ぶのである。

二十世紀の花の文学といえば、死の花ではないが、プルーストのサンザシならぬ、カトレアをあげるべきだろう。スワンとオデットのあいだの隠語で、セックスをすることを「カトレアをする」という。

サンザシのほうも官能的な精液のにおいにみちており、プルーストにおいて花はすべて性の隠喩であるといってもいい。ただしプルーストの性は生の性ではなく、死の性である男色である。男色からはなにも生まれない。

ジャン・ジオノ『木を植えた男』一九五三

この作品はアニメ映画になって世界中で評判になった。シナリオは各国語に翻訳された。しかし原作のほうはだいぶ映画や翻訳とは感じがちがっている。ジオノ自身はこれを純粋なフィクションだと言っているが、南仏のエグアール山というところで、じっさいに木を植えて、裸山に緑を復活させた人がいた。ジオノの作品ではふもとに屋敷をもった生活に困らない羊飼いという設定になっている。作者自身が、アルプス山塊の南はずれの乾燥地帯を一九一〇年頃じっさい歩いていたことになっている。どこまでいってもからからに乾いていて、荒れ果てた村に入っていっても水をたらしている泉一つみあたらなかったとき、その羊飼いに出会い、水筒の水をもらい、そのあと彼の小屋に泊まってどんぐりの選別をしている様子をみた。翌日、彼のあとについてゆくと、彼は鉄の棒で地面に穴をあけ、そこにどんぐりを埋めていた。去年は十万個のどんぐりを植えた。そのうち二万が芽を出した。このあと、動物にかじられたりして半分になるだろうと言っている。そのあと、第一次大戦があり、そのあともう一度そこを訪れると、植えられたどんぐりはすでに人の背丈の樫（コナラ）になっていた。さらに年月が経ち、第二次大戦の近づいたころ行ってみると、いまはブナやカエデも植えていた。しかしカエデは全滅した。そして第二次大戦が終わり、もう一度訪ねたときは、その地帯一帯に水がよみがえり、あらたに入植する人たちも増えて、村が復活していた[13]。

木を植えれば川がよみがえる。森と水系が密接な関係にあることはネルヴァルの「魚の女王」ですでに主張されていた。『ヴァロアの民謡と伝説』に収めた伝説あるいは寓話で、樵が伐採にはいった森で、森の王である樫の木が、水系の支配者である魚の女王の協力をえて、樵にたちむかうのである。森全体を動員した森と樵の戦いを森の王の樫の木が指揮し、樵を撤退させる。

一度切られた森はなかなか復活しない。焼き畑のときは灰によって地味が回復するが、伐採ではそのような効果はない。ひこばえが出る木でなければ、切り株は再生のさまたげになる。風に運ばれてきた種も切り株の上では根づかない。砂漠化した土地は保水力も失っている。草が生え、裸地で育つ松などが生え、その下に落葉樹が育ち、次第に森が復活する。砂漠化した土地にどんぐりを植えても、水をやらなければ発芽しない。発芽しても地下水がなければ育たない。最初はやはり乾燥に強い松である。あるいは雑草である。ジオノが自然派であることはたしかだが、どんぐりを裸山に植えるのは現実にはむずかしい。

ジョルジュ・サンド『物言う樫の木』一八七五

豚番をしていたエミはちょっとしたことで、豚たちに襲われそうになり、物言う樫の木《き》によじのぼって逃げる。そこには快適な隠れががあり、その晩はそこでぐっすりと寝る。そこから隣の樫の木へとびうつり、さらに別の木にわたってゆくと栗の木があって、栗を拾うことができる。それを古い炭焼きのかまどで焼いて食べる。小鳥やウサギをつかまえることもできた。乞食のばあさんがその物言う樫の木の下にきて休んでゆくときは、取ったウサギなどと交換にパンをもらったりもした。あるときそのばあさんが自分のところにきて住まないかという。すると樫の木が「行っちゃいけない」という。そのうちふとしたことから樵の男に出会い、樵小屋で手伝いをするようになる。もう樫の木のねぐらに寝る必要はなかったが、樫の木はいつまでも友だちだった。エミの森での一人の生活は『木のぼり男爵』(後出)を思わせるところがある。「エミは森だけが好きだったのです。ほかの人たちが聞いたり、見たりできないものを、彼は森にきて見たり聞いたりするのです」。樫の木は彼にだけ話しかける。「静かにしておいで、エミ、静かにしておいで」「夜明けとともにかすかな風が吹いて、木々の梢を豊かな旋律で揺すっているようでした」。

日本の昔話でたとえば「ならなしとり」では冬のナシをとりにゆく少年が二叉になった道でどちらへいったものか迷っていると、片方の道の笹が「いくなっちゃがさがさ」といって止める。どこの国でも昔話では動物が口をきくが、植物も口をきくことがある。

樹木との結婚の主題は多くない。異類婚といっても動物が主で、犬、猫、馬、熊、蛇、魚、蛙、狐、蛤くらいである。植物では柳の精と一緒になったというような話があるが、柳自体ではない。梅の精であっても、素性はどちらかというと地獄の幽鬼である。樹木に抱き着いて、吸い込まれたとか、花にからみとられたといった話は少ない。しかしトゥルニエの『フライデーあるいは太平洋の冥界』では樹木愛が描かれる。萩原朔太郎の「恋を恋する人」(後出)

にも似た話だ。

森の幽霊（サンド『田園伝説集』挿絵　1858 年）

ミシェル・トゥルニエ
『フライデーあるいは太平洋の冥界』一九六七

太平洋の孤島に漂着したロビンソンは島全体をつつみゆさぶる熱帯性の大地の発情にまきこまれ、彼が「バラ色の谷間」と名づけた湿潤な谷間で苔むした大地の裂け目に陰茎を挿入して島の「秘部」と交接していたが、そこから人間植物のマンドラゴラが生まれていた。マンドラゴラをひきぬいて一定温度であたためていると人間になるというが、彼の場合はマンドラゴラ自体を生みだしたのだ。その「白い根は明らかに少女の肉体を表していた」。そのほかのところも探検して一本のキマラ（せっけん木）を発見した。その木の二股になったところに穴があいていて、そこへ陰茎を挿入してみると具合がよかった。「股の下は細くて絹のようなコケにおおわれていた」「木の上に裸になって寝そべり、幹を両腕で抱きしめた。彼のセックスが二本の枝の分かれ目に開いている苔のついた小さな穴のなかへはいった。彼は幸せな夢うつつの状態に陥った」。目の前にはおおきな花が強烈なにおいを発散しながらゆれている。それは「生命の植物的な根源への回帰」だった。

主人公にとって、この孤島での生活は時折おもいがけない事故にみまわれながらも、ある種の生命の源への回帰だった。ただいずれのロビンソン譚でもおなじように、いずれは島に近づいた船に乗せられて文明世界へ帰還しなければならない。それはある意味で、浦島の帰郷にも等しかった。おそらくしばらくは、島ではこうだった、島ではああだったとしきりに島を懐かしむだろう。島が緑の楽園であったなら、西欧の都会は石とレンガの牢獄でしかなかった。

ボリス・ヴィアン『うたかたの日々』一九四七

この物語ではハツカネズミが口をきく。建物も生きていて伸縮する。太陽光線がまぶしすぎると、その端をつねる。すると部屋の中のちがうところへ日があたる。現代のおとぎばなしだが、クロエの症状は現実的だ。医者の最初の診断では肺に何かが巣くっている。つぎの診断ではそれが睡蓮であることがわかる。「あなた方には睡蓮が巣くっているってどんなことなのかわかるはずがないわ。動くととってもいたいのよ」。医者は山へ行ったほうがいいという。肺炎に対する処方を思わせる。肺に異生物が巣くったのだから肺がんでも肺炎でも肺睡蓮でも本質的にはおなじかもしれない。ただし次の話になるとすこしちがう。「医者の話では、いつでも花で彼女を取り囲んでいたほうがいい」。そして水を飲んではいけない。コランは部屋中を花だらけにする。ランやバラである。桃やアーモンドもある。肺の中の睡蓮は山の療養所へいっているときにもっていったバニラの花で一時は駆逐された。しかし都会へもどってくるともう一つの肺におなじものができていた。花束を買ってきてやると「枕に置き、横になって、顔を（……）花束の中に埋めた」「彼女は自分の輝く髪の毛の周りにらせん状にひろがっているリラの花のにおいをがつがつとかいでいた」。花を買うために蓄えを使い果たしたコランは、高給保障の広告につられて植物武器製造所に勤めだす。床に穴をあけて、そのうえに腹ばいになって地面をあたためているとライフル銃などが成型されてくる。それをうまくひきぬくとひとつあたりいくらという計算で手当てがでる。しかし、一日の成果をみると、できあがった銃の銃口からは白いバラが咲きだしている。彼は首になる。

そしてクロエは死んだ。部屋いっぱいの花にかこまれて。ゾラが描いたアルビーヌ（『ムーレ神父のあやまち』）のように。

パトリック・グランヴィル『火炎樹』一九七六

熱帯アフリカの狂った専制君主トコールのほこる精鋭の近衛兵たちが素裸になって、真っ赤な火炎樹（ホウオウボク）の花を体中にこすりつけて、熱狂的興奮状態に陥り、出陣の踊りを踊る。いたるところにその真紅の花が咲きほこる。その先は一歩はいりこめば何日ものあいだ抜けでられない緑の魔境だ。そこでは小便が緑色になる。トコールはそこに豪奢な宮殿を建て、世界中の美女をあつめて歓楽のかぎりをつくす。彼の楽しみは狩りと戦争だが、そのたびに畑をふみにじられ、戦場に駆り立てられる民衆はついに蜂起する。

死んだトコールの遺体は遺言によって、ジャングルの木の上におかれ、コンドルが肉をついばむにまかされる。そうやってジャングルの木々に一体化するのだ。

イタリア文学の森

フランス文学の花は悪の花、死の花だった。イタリア文学には陽光あふれる地にヒマワリなどが咲きほこっているだろうか？　どうやらそうもいえないようである。

◆ボッカチオ『ナスタジオ・デリ・オネスティの物語』

とある美女に恋い焦がれているナスタジオは、女のあまりのつれなさに途方にくれて松の林に歩みいる。すると向こうのほうから犬の吠え声と馬蹄の響きがきこえてくる。見ると美しい裸の女が血を流しながら走ってくる。そのうしろに猛犬が二匹、尻や背中にとびかかりながら追いかけてくる。そして、馬にのった騎士が鞭をふるって犬たちをけしかけている。ナスタジオがおもわず、女を助けようとすると、騎士が叫ぶ。「ナスタジオ、その女はほっておけ。わけは聞きたければ話してやろう」。

騎士の話によると、その女は騎士の愛を冷たくしりぞけて、彼の気持ちなどすこしもかえりみようとしなかった。彼は思いあまってみずから死を選んだ。すると女もほどなくして死んで、ふたりは愛にそむいた罰として永遠に追いつ追われつの業罰を課され、毎週金曜にその森で騎士は女を狩り立て、女は逃げ、犬が女をたおすと、騎士が馬をおりて剣で女の背中をさいて心臓をとりだして犬に食わせる。すると女はなにごともないように立ちあがってまた逃げ出す。それを犬と騎士が追いかけるのだという。

それをきいたナスタジオは、翌週の金曜日にその松林のなかの空き地に野外の饗宴をもよおし、知人たちとともに、つれない美女もまねいて、豪華な食事をふるまった。そこへ例の亡霊の騎士と女があらわれ、犬が女をたおし、騎士が女の背を切りひらいて心臓をとりだす。ナスタジオがその一部始終を説明する。つれない美女は思いあたるところがあったとみえ、その日はそのまま別れたが、帰ってからしばらくして、お話をしたいことがあるので、ぜひお越しくださいと言ってよこす。亡霊の狩りをみてから男の心をもて遊ぶことの罪を思い知らされ、誠意のある愛には誠意

ボッティチェルリ〈ナスタジオの物語〉1483年　マドリード、プラド美術館

をもって答えたいというのであった。

この物語をもとにしてボッティチェルリが〈ナスタジオの物語〉という四枚つづきの連作を描いた。ボッカチオは『デカメロン』で名高いが、それ以外にも短編を多数書いていた。

◆イタロ・カルヴィーノ『木のぼり男爵』一九五七

男爵家の長男コジモは十二歳の時、カタツムリの料理をだされ、それを食べるのを拒否して逃げ出し、庭の木にのぼってそのまま木からおりなくなった。あたりには広大な公爵領ほかの森林がつらなっていて、木から木へ移動してほかの子供たちと遊んだり、銃で小動物をしとめたりすることができた。「樫の木からオリーブを伝い、ブナの木に移って、そして山の林に行った」。彼の樹上生活は、一切地上におりないまま老年になるまで続き（「コジモは好んで樫の木の波打つ葉陰にいた」）、最後は気球につかまって海上へでて、海中に姿を消した。その間、山賊たちとつきあったり、海賊とも喧嘩出入りをしたり、フランス革命のあとではナポレオンにあったり、フリーメーソンのロッジをつくったりもした。「この樹木からなる自分の世界に対する愛情は、すべての真の愛がそうであるように、彼を非情でまた苦悩にみちた人間にしてしまった」。

彼の森には泉もあったし、かわやもあった（「うってつけの場所に、二股の枝をだしているはしばみの木をみつけたが、その枝の上で快適にすわっていることができた」）。それは「小暗い渓流」の上だった。郵便もだしたし、本屋で本を買うこともできた。木の枝から猟の獲物をだして本ととりかえるのだった。したがって、彼の樹上生活は完全な野生の生活ではなかった。「彼のしめる場所がこちら側に、われわれの世界にあることは（……）明瞭だった」。それでも「しじゅう樹皮に接していて、鳥の羽根の動きや、獣の毛皮や鱗、あるいは世界のこうした相貌の表すさまざまの色の諧調、さらには葉脈のなかをまるで別世界の血液のように循環している緑の流れに、じっと目をそそいでいる」、「植物と同化した」野生の世界に彼はいた。

これはハドソンの『緑の館』とおなじ森の生活だった。

ただ、ハドソンは『はるかな国・遠い昔』で描くように、彼自身、大自然の中で暮らしていたが、カルヴィーノはこれを都会生活のなかで、純粋な想像として描いた。彼が「われわれの祖先」の物語だというのは完全なフィクションである。

◆チェーザレ・パヴェーゼ『月と篝火』一九四九

パヴェーゼ最後の作品、翌年自殺する。アメリカへ渡った主人公は不幸な幼年期をすごした「故郷」の丘に帰ってきた。月はいつでも照っている。そして人間たちのドラマをみている。人々は月がとりわけ樹木の生育を支配しているのを信じている。「満月の夜に松を切ってはいけない」「葡萄の挿し木は新月のうちにしなければいけない」。二十年ぶりに戻ってみた故郷では、彼に多くのことを教えてくれた榛《ハン》の木のしげみは切られていた。しかし、「下の土手からぼくらの足元まで梢を伸ばしている木に、いまでもヒヨの巣がある」「すべてが変わってしまったようでありながら、やはり同じだった」人びとは相変わらず松の木のしたで「月と篝火」の話をしている。篝火は聖ヨハネの火祭りの火である。彼の思いは「馳せてゆく。あの木立ちや葦のしげみに、あの小さな森に」。最初、世話になった養母の家は持ち主がかわっていた。つぎに下男としてやとわれたお屋敷でははじめて「花をみた」。「科《シナ》の木の下に、庭があって、百日草や百合や茜草やダリアの花が咲き乱れていた」。その花を摘んでお屋敷の娘たちの部屋を飾るのだ。その娘たちのところには男たちがやってきて、「夏の夜」は「松の木の下で、夜更かしをした」。

最初の養母の家を買い取った男は主人公が二十年後に戻ってきたときに、狂気の発作をおこして家に火をつけ、自分は「暗い空へ枝をひろげた胡桃の木のしたで」首をつり「炎の照り返しのなかに揺れていた」。それからしばらくして惨劇のあとへいってみると「草や木だけがのこっていた」。胡桃も大きく枝をひろげていた。青春の日々をともにすごしたクラリネット吹きは彼に、彼のいなくなってからのことを語った。彼がつとめていたお屋敷の天使のようだった末娘がいかにしてドイツ軍のスパイになって反ナチのパルチザンにつかまって銃殺されたか、上の娘たちがいかにして惨憺たる死をとげたか。戦争の爪痕はいまでも残っていて、ときおり、ドイツ兵の死体が川を流れてきたりする。変わらないのは「草や木」で、胡桃であり、松であり、彼の榛の木は切られたが、丘のうえにはまだ切られない榛の木があり、人間たちが凄惨な殺し合いや、愛憎のしがらみを経てきたあと、丘は、とりわけそこに生えている木々のたたずまいは、かわらない。それを月が照らしている。夏の熱気が空からおりてくると、「大地から、葡萄の樹のあいだの地面から、熱気は、ありとあらゆる緑を食べつくし、葡萄の蔓となって身をよじる」。「それはひとつの匂いをもっている」。その匂いのなかに彼は存在している。その匂いが彼を故郷へ呼び寄せたのだ。

美術の世界の草木◆三

◎ジャン＝バティスト・カミーユ・コロー
《モルトフォンテーヌの思い出》　一四六四年
パリ、ルーヴル美術館

モルトフォンテーヌはネルヴァルの思い出の地で、パリから三十キロほど北へいったところに森に囲まれた城館がいまでも残っている。「一つの調べ、（……）それを聞くたび二百年の昔がよみがえる。（……）レンガに隅石づくりの城、その足元の花のあいだに小川が流れる」（ネルヴァル『ファンテジー』）。城の庭には湖がつくられ、城が影を落とす。『シルヴィ』で「シテールへの旅」が設定されたのもこのあたりのことである。城と芝生と湖を自然林・狩猟林が取り囲む。芝生では城主たちの「田園の遊楽」や、村祭りの踊りもくりひろげられた。ネルヴァルによれば、ドルイドの昔から続く森の祭りである。この絵では遊びに来た親子が木に生えたヤドリギを刈り取っているようである。かつてのドルイド僧は樫の木に生えるヤドリギを黄金の鎌で刈り取って、儀式に用いた。このあたりの森には、その古の伝統が口碑に残っていたようである。

◎アンリ・ルソー《蛇使いの女》一九〇七年

パリ、オルセー美術館

熱帯の空想の森だろう。女の肌も浅黒い。蛇は少なくとも四匹はいる。といっても植物と同じく、様式化された幻想的な蛇だ。[15] 月夜だが空は明るい。夢の中の光景だろうか。森の樹木相は《異国的風景》と同じだ。森の中にはヒョウも潜んでいるかもしれない。ペリカンも一羽よってきているのを見れば、女の笛の音に森中の獣たちが陶然として聞き惚れるかもしれない。やがては、森の動物たちがみな集まってきて、笛の音に聞き惚れる。この絵には笛の音を聞いているのと同じ酔わせるような魅惑がある。[16] 蛇使いに魅了されているのはわれわれだ。森の中に不思議な音楽がどこからともなく聞こえてくると、森の下草がざわめき、蛇という蛇が鎌首をもたげるというのは、蛇の女王、ヴィーヴルを描いたマルセル・エーメの小説『ヴィーヴル』だ。あるいはヤギをつれた少女が笛を吹くと森中の獣も人間も官能の酔いにとらえられ男は女を、雄は雌を求めて走り出すというのはルノワール監督の『草上の昼食』だ。この絵の笛の音がどんな調べかはわからないが、プラトンにいわせれば、勇壮な竪琴の調べは人を奮い立たせ、嫋々たる笛の音は人を柔弱にするという。竪琴はアポロンの楽器で、笛はディオニュソスやパンのものだった。ディオニュソス＝バッコスが主宰する夜の森の祭りが開かれる。

VI 日本文学の花と樹

都会や宮廷の文学だったフランス文学などに比べ、日本文学には自然へのまなざしが豊かである。とはいえ、王朝の文学はやはり宮廷文学だった。自然へのまなざしはあっても、自然の中に住むことはなかった。自然の中に住んだのは隠遁者だが、彼らは生活者ではなかった。樵や狩人、あるいは農民の文学は近代にいたるまでない。農民ではなくとも、たとえば木を抱擁する朔太郎の詩の人物のようなものがでてくるのは近代である。ところが近代日本は急速な工業化によって都市周辺の森を切りつくしていた。工場の煤煙はあっても緑はなかった。都市の小市民の生活にも大木の生えた公園などはなく、猫のひたいの庭に植えた矮小な庭木二、三本がかつての森の文化のなごりだった。それでも文学的想像力はないはずのものを言語の力で現前させるものである。大江の森、賢治の森[01]、あるいは鏡花の森[02]がある。

梶井基次郎『桜の樹の下には』一九二八

桜の樹の下には死体が埋まっている。これは梶井の神経症の幻覚ともみられるが、また蒼穹の本質は闇だという、梶井流の裏返しの真理かもしれない。しかし安吾にも『桜の森の満開の下』があり、「桜の花のしたから人間をとりさると怖ろしい景色になる」「たびとはみんな森の花の下で気が変になりました」という。鈴鹿御前という女鬼にとりつかれた男の話で、最後は花の下で女を絞め殺すのだが、気が付いてみるとそこにはなにもなく、ただ桜の花がふりつもっているばかり、そして彼のすがたも消えてゆく。桜の下には初めから何もなかったのである。あるいは西行の「願はくは花の下にて春死なん　その如月のもちづきのころ」があり、桜と死は密接につながっている。満開の桜は死のにおいをたたえている。梶井はそれを「よく回った独楽が完全な静止に澄むように」という。桜の満開はほんの一瞬で、次の瞬間にはもう散りはじめる。完全な美にのぼりつめたものが死の静寂をたたえてしずまりかえるといってもいい。あるいは完全すぎるものの持続にたえられずに破壊を希求するこころのうごきに、それは一致しているのかもしれない。フロイトのいう「成功を目前にした回避」でもあろう。長期間の努力のうちに準備してきた企画が成就しようというときになって突然恐ろしくなり、自分はそのような栄光にはふさわしくないと思って逃げ出してしまう。カードの城をくみたてる。息をつめながら、動悸を抑えつつ、最後のカードをのせようとする。その最後の一瞬に「だめだ」とおもってカードをくずしてしまう。それとおなじ心的傾向で、あまりに完全なものをみると息苦しくなり、美を完成させるかわりに死をもってすべてを塗り消してしまう。あるいはその最後の瞬間がおそろしくて、桜を正視することができない。いや、そこにはもっと具体的な死があると梶井はいう。谷へおりてゆくと水しぶきの中から薄羽かげろうがまいあがってゆく。「彼らはそこで美しい結婚をする」。しかし目を転じて、あしもとのみずたまりをみると、石油をながしたような光彩がうかんでいる。よくみるとそれは「何万匹としれない薄羽かげろうの死体だった」「そこが産卵をおわったかれらの墓場だった」。それはもちろん彼自身の死でもあった。伊豆に療養にきていた彼はほどなくして死ぬ。あたたかな春の日をあびながら彼は自身の死を自覚していた。彼がみている山と山のあいだから杉の花粉が煙のようにたちのぼっている。あるいは淡い雲がわき、空にたちのぼってきえてゆく。その生成と消滅をみていると、「不思議な恐怖のような感情が」胸をしめつける。よくみると山と山のあいだから雲がたちのぼるのではなく、まるで、そこにみえない山があるかのように、山の際からすこしへだたったところから雲がわくのである。そこにあったものは「虚無」だった。「白日の闇がみちみちてい」た。青空は「見れば見るほど、ただ闇としか私には感覚できなかった」。

「生がきはまって独楽の澄むやうな静謐、いわば死に似た静謐」という「蒼穹」とおなじ表現でとじられる若年の三島の『花盛りの森』もまた、どこにも花がでてこないながら、不在の花が花盛りであるような作品で、表面的にはくろぐろとした樫の木が風にゆらいだりしている。「風にゆれさわぐ樫の高みが、さあーっと引いてゆく際に、眩くのぞかれる真っ白な空をながめた、なぜともしれぬいらだたしい不安に胸がせまって、」「死」を予感する。

横山大観《夜桜》1930年　大倉文化財団

内田百閒『葉蘭』一九四一

狐を縁の下で飼う。夜中になにか気配がして外をみると庭の隅で葉蘭がざわざわとして、その葉がぬめぬめとした光をはなつ。その光を縁の下の狐がみている。狐の目がきらりと光る。家のなかには天井から電灯がつるされ、その光が、一人飲む杯の酒に映る。屋根の上にいしころがころがる音がする。世界が闇と静寂にとざされ、そこにだけ明かりがついて孤独な男が酒を飲み、その時、縁の下で狐が庭の葉蘭の葉の光をみている。葉蘭を見ているのは男であり、狐である。作者はそう言う。実は狐などいないのである。なにか不安な落ち着かない気持ちがざわざわとゆれている。酒をのんでいるうちにその心のそよぎがおちついてくるようにもおもえたが、それに反比例して庭の葉蘭がそのざわめきを増幅したようである。杯に映る電灯をみつめて心をそのあかりにだけ集中しようという気持ちと反比例に縁の下の狐が目をひからせる。狐は男のおさえつけられた意識である。ざわついている葉蘭は、その茂みのかげになにかがいそうな不気味な感じがする。それだけに、なるべく見まいとしているのだが、またそれだけに、そのざわめきと光が気になる。家族のこと、女のこと、仕事のこと、何が気になるのかわからず、またそれをつきつめたくない気持ちのまま、庭先の葉蘭だけ気にしている。それが狐の目である。もう一方の覚醒した意識は杯にうつった電灯の光を見て、余計なことはかんがえまいとしている。そのとたんに屋根に石が当たる音がしてはっとする。そんな心の緊張がつたわってくる。実は狐などいないという以上に百閒の『葉蘭』という作品にはそのようなことは、すくなくとも表面的にはすこしもかかれていない。杯にうつる電灯の光も、屋根にあたる石の音もそこにはない。似たようなほかの作品にはあったかもしれない。しかしそこにはない。ないにもかかわらず、この作品を読んでいると、杯にうつった電灯のあかりに収束しようとする意識と、押さえつけられて、庭の葉蘭を見つめ、不安の源をさぐろうとする意識とがありありとみえてくる。それはあたかもあのマグリットの「光の王国」の闇のなかの光にてらされた一軒家のようである。書かれている以上のことを想像させる百閒の文章はおそろしい。

内田百閒『木蓮』一九三四

同じようにひとりで酒を汲んでいると知らない女がはいってきて、なれなれしく酌をする。どこか猫をおもわせるところがあって、「猫か？」ときくと「あらご存じのくせに」という。そして「あのことはどうするおつもりですか？」「あのままではいけませんでしょう」などという。なんのことだかわからないが、そういわれれば、そのまま知らん顔をしているわけにはいかないような気がしてくる。そのとたんにぽとりと花瓶の木蓮の花が落ちる。猫だってもちろんいるわけはない。だれかの家へいって玄関の戸をがたがたやっていたとき、家の中では女が死にかかっていた、そんな話はあるはずもないが、あるといわれればそうだったかもしれないとも思う。思えば、自分のしてきたことは一点のくもりもない公明正大なことばかりというわけではない。たとえば病気の家族をほったらかして宿屋に息をひそめている。どうなさるおつもりですかといわれてもどうしようもない。ただ、ひとりで酒を飲むだけである。そのとき、木蓮の花がひとつぽとんと音をたてて落ちる。良心のいたみのようにびくっとする。

あるいは菊の花の花弁がひとりでに動き出すようにみえたりする。動いたとおもったらぽとりと落ちる。落ちてからも、きられた指のようにもくもくと動く。その夜、菊と同じ名の子供が熱を出してひきつけをおこしたといってくる（『菊』）。それが百閒の世界である。

百閒の忌日は「木蓮忌」（四月二十日）。

木蓮や　塀の外吹く俄風

梅崎春生『幻化』一九六五

梅崎春生の絶筆『幻化』にダチュラの花が出てくる。エンジェルズトランペットともいい、ラッパ型の花が下向きにさく。猛毒である。これを摘んでトランペットを吹くように銜え、花の蜜を吸えば死ぬ。すくなくとも一本の木に咲いている花二十ほどを続けざまに吸えば相当な偉丈夫でも倒れて意識を失う。そこにかなり手軽な死があった。『幻化』の主人公は死を探している。それでいて死を怖れている。人はだれでも怖れつつ死を求めている。彼は戦争中、電信兵としてそのあたりの特攻基地にいた。明日にも死ぬつもりだった。終戦の放送があったあと、彼は双剣石を眼前に見る海岸で泳いだ。そのまま泳ぎ続ければ死ねると頭のどこかで思いつつ、意識としては死ぬとは思わずに死、あるいは母なるものにゆすられていた。結局死にはせず、復員し、しかし仲間をひとり死なせ、彼自身は一度は死のうとしながら死ねなかったものとして、複雑なコンプレックスをいだきながら生きるともなく生きていた。そしてそんなことをしていてはいけないとあるとき思いたって、終戦のとき泳いだ海へもどっていた。そこまで乗った飛行機ではエンジンから油がもれて窓ガラスに黒いしみをつけていた。落ちるかもしれない、落ちてもいい、そう思いながら、死の不安におびえてもいたのである。そして「思い出」の死に損なった海岸に来た。昔みたことのある白い花が咲いていた。そこにいた女にきいた。「ダチュラ」と女は答えた。白い淋しい花である。[03]ユウガオを大きくしてひきのばしたような花だ。女とは花の名前をきっかけにとりとめもない話をし、海をみながら野合をした。あるいは一緒に死のうとしたのかもしれない。女はしかし去った。数日後、彼は阿蘇へむかうバスに乗っていた。バスをおりて火口に飛び込んで、彼のどっちつかずの人生にけりをつけるかもしれなかった。しかし、そこには奇妙な人物がいた。飛行機から一緒だったセールスマンで、[04]男は彼に火口をひとまわりして無事に帰ってきたら二万円でどうですという。賭けである。死を賭けるのだ。その男も自殺志願者だった。しかし、火口へ飛び込むには相当の勇気と決断がいる。ともすればぐずぐずとそこへ座りこんでしまいかねない。そこで賭けをして、空元気をだして火口をひとまわりする。賭けに負けまいと思えば火口に飛び込まなければならない。そんなことでもしなければ思い切って死ねないのだ。彼が賭けに負けたら、そのときは主人公の番だろう。彼が火口をひとまわりするのだ。それくらいならあの晩、ダチュラを噛みくだいて飲み込んでいればよかった。あるいはそこ

ダチュラ（『カーティス・ボタニカルマガジン』1846年より）

にいた女とともに海に飛び込んでもよかった。いや、それくらいなら終戦の日に海へ泳ぎに出たまま帰らなければよかった。それ以来、一日伸ばしにしてきた決断をいまこそ実行するときなのだ[05]。

安部公房『デンドロカカリア』一九四九

コモン君はあるとき、足がギクッとなって、地面にのめりこむのを感じた。そのまえから心の中になにか植物的なものがはえてくるのを感じていた。また生理的な墜落感のようなものもあった。動物的行動欲求、かけだしたい、とびはねたいといったエラン・ヴィタルではなく、その反対の失墜感である。ぐったりとなって動けなくなってしまうのだ。そして顔はうらがえしになって暗い内部をみていた。あわてて顔をはぎとってもとにもどすと変身はおわった。それから一年後、またあのときの飽和感がやってきた。ほとんど全身が樹とも草ともつかない植物になっていた。手先は葉になっている。必死になって手を動かし、顔をひきはがしておもてにむけると変身はおわった。しかしそうなると、ちょっとした動機でも顔が裏返ってしまうようになったらしい。事実、丘の上の焼け跡の空き地へ行って、切り石に腰をおろしていると、おおきな疲労感がおそってきて、自分が植物になるのを意識した。そこへ植物園長がやってきて彼の顔のあたりに肩をぶつける。あ、デンドロカカリアだと叫んで、植物園へもっていこうとした。その衝撃でコモン君は人間の意識をとりもどし、それまで植物があったところに人間のすがたがあらわれた。しかし彼にはもはや選択の余地はなかった。つねに植物園長につけねらわれているのを感じ、おいつめられて、彼は植物園へむかった。ナイフを手にして、園長を刺し殺そうとしたのだ。しかしいまの彼にはそれだけの動物的ダイナミスムはのこっていなかった。ナイフは簡単に園長にとりあげられた。あとは助手が彼を大きな植木鉢にいれるままになり、のぼりかけた太陽のほうへ両手をさしのべていた。園長はデンドロカカリア・クレプシフォリアという札を彼にかけた。

脳に障害をうけると生体機能は維持されたまま、身動きもできず、言葉も発せられない植物人間になる。とくに外傷をうけなくとも、生きる意志をうしない、内側に退行し、植物になり切ってしまう人間は簡単に植物人間になりうると作者はいうようである。生体がある瞬間に生から死に移行する。死ではなくとも植物化もある瞬間におこりうる。人間が人間でなくなるのは、たとえば戦争などのときに、残虐さの極限にまでいって、人間の限界をこえたときにもおこりうる。何が人間なのか、どうなったら植物人間なのか、どうすれば動物になってしまうのか。フランスの医学者のビシャは生とは死に抵抗する意志の総体だといっ

小笠原諸島固有のデンドロカカリア（ワダンノキ）

たが、植物や動物になることに抵抗する意志がふっと消えた時、人は人間ではなくなり、動物に、あるいは植物になってしまう。人間としての尊厳は自分自身の意志の問題なのだろうか。

大江健三郎『M／Tと森のフシギの物語』一九八六

大江は四国に架空の森をきずき、『同時代ゲーム』ほかの作品をそこに位置させた。かつてそこに村人たちがこもって大日本帝国にたいして抗戦し、五十日間戦争を戦った。そこには「牛鬼」及び「暗がりの神」がすみ、「壊すひと」や大母神「おしこめ」の神話がいきている。あるいは松山藩の反乱分子たちが船にのせられて流されてゆく途中、船の舵をとって船を森へむけて遡行させ、川の上流にすみついたという伝説もある。その反徒たちの戦いには五十日間の洪水の雨もふった。村には山へのぼってゆく「死人の道」があり、村人は死ぬとその道をたどって山へのぼり、村をみおろす森の木々の根方にやどるのである。ほとんどおなじ材料と舞台をつかって『M／Tと森のフシギの物語』はつむがれる。

このなかで帝国陸軍との戦闘で最初に犠牲になった人物として「木からおりんひと」がいる。これはあきらかに『木登り男爵』の思い出である。

大江にとっての森とは失われた故郷であり、反体制の思想のよりどころであり、『燃え上がる緑の樹』ではカルト集団の拠点になり、『新しい人よめざめよ』では障害児が音楽家として自立する場所になる。大江の森ではそのようなな「フシギ」が昔からくりかえされ、その信仰が維持されてきた。それは非現実の森だが、カルトの本部がおかれる森でもあり、公道に接していない山林は家を建てられない、つまり、人の棲めない、治外法権のようなところでもあり、現実にある種の秘密集団のアジトをつくることはできなくはない。この物語を純然たる「神話」とするのか、現実のフィクションとするのか、作者あるいは読者の考え次第であろう。ゾラのパラドゥ(『ムーレ神父のあやまち』の楽園)は現実にありうる想像の森である。ただしそこに共和国をたてるだけの面積はない。木登り男爵の森はそこでフリーメースンを組織したりするくらいのひろがりはもっていたが、「もう一つの」国家をたてるまでにはいたらない。しかし「国家」のなかに、もうひとつの価値をもった社会をきずく夢はみさせてくれる。そこからあたらしい価値、あたらしい美学が生まれてくれば「国家」にたいするアンチテーゼとしての意味がありうる。

大江はまた『燃え上がる緑の木』や『雨の木』でシンボルとしての木を描いた。樹木フェティッシュといってもいいところが大江にはあり、「恋（木）に恋する人」のひとりではないかとも思われる。

賢治の森

大江の森を取り上げたら、賢治の森も取り上げないわけにはいかない。盤次・盤三郎伝説ではないが、森の文学としては、この二人が並び立つのである。ちなみに盤次・盤三郎は狩人で、山の女神を助けたおかげで、日本全国の山という山で狩りをしていい特許状をもらったのが弟のほうである。賢治・健三郎のほうでも、ノーベル賞をもらったのは健三郎のほうだった。無冠の兄の賢治には『狼森、笊森、盗森』がある。「小岩井農場の北に、黒い松の森が四つあ」る。狼森、笊森、黒坂森、盗森である。そこへ四人の開拓者がやってきて、たずねる。「ここへ畑起こしてもいいかあ」「ここに家たててもいいかあ」「すこし木もらってもいいかあ」。森はそのつど、「いいぞお」とこたえる。男たちは家をたて、子供たちは「うれしまぎれに喧嘩をしたり」、「女たちはその子をぽかぽか撲ったり」した。春になって蕎麦と稗がまかれた。秋になると取り入れができた。しかしある朝、気がつくと九人いる子供たちのうちの四人の姿がなかった。みんなは「きちがいのようになって」さがしたがどこにもいない。森へむかってしらないかとたずねるが、森はしらないと答える。そこで森へはいってみると、狼たちが火をたいてそのまわりで歌を歌い、踊りを踊っている。そしていなくなった子供たちが火にあたって焼き栗などを食べている。みんなが狼たちにむかって叫ぶ、「童しやど返してけろ」。すると狼たちはびっくりして逃げてゆく。男たちは子供たちの手をひいて家へ帰り、粟餅をつくって狼森へもっていった。また春になり子供たちもふえ、粟と稗をまいた。ある朝、仕事にでようとすると鍬やなたがみつからない。笊森へさがしにゆくと、山男がいて、なくなった道具をもっている。次の年は収穫した粟がなくなっている。盗森へさがしにゆくと、この森も粟餅がほしかったことがわかった。それからは毎年、開拓者たちは粟餅をつくって四つの森へもってゆくことになった。「それから森もすっかりみんなの友達でした」という。もちろん森はほかにもいくらでもある。『ポラーノの広場』にも『風の又三郎』にもある。それらの森は「みんな友達」だった。自然との共生は、『なめとこ山の熊』でもとりあげられる。一種の「自然契約」である。熊をしとめるのは来年まで延ばす。森のはずれの土地を開墾するときは、森へ粟餅をもってゆく。

しかし、いかに粟餅をもって自然の森を祀っても、夏の暑さが異常に続くとき、冬の寒さが異常に厳しいとき、自然が彼らの祭りを嘉納して暑さ寒さを加減してくれるとは限らない。森で火をたいていた「狼たち」は実際にはどんな人たちだったのかわからないが、彼らのたき火が森全体を燃え上がらせる山火事にならないという保証はない。それに自然との契約は森にむかって開墾の許可をもらい、粟餅を供えることで成立したとしても、森を管理する地方自治体や国はあるとき突然やってきて、だれの許可を得て、ここに畑をつくった？　ととがめないとは限らない。賢治や健三郎が山の神からもらった免許状は、そのときに役に立つだろうか？

泉鏡花『高野聖』一九〇〇

鏡花の植物世界では『黒百合』、真っ赤なツツジがどこまでも続く『龍潭譚』、八重葎に閉ざれたあばら家の怪を描いた『草迷宮』などもあるが、やはり代表作『高野聖』をあげなければなるまい。深い木々に閉ざされた飛騨の山中の一ツ家の怪である。そこへたどりつくまでに蛭の森を通り抜ける。ふりあおぐ大枝からも蛭が落ちてくる。むしりとっても次から次に吸い付いてくる。「凡そ人間が滅びるのは、地球の薄皮が破れて空から火が降るのでもなければ、大海がおっかぶさるのでもない。飛騨国の樹林が蛭になるのが最初で、しまひには皆血と泥の中に筋の黒い虫がおよぐ」。その蛭の森を抜けて、山中の一ツ家につき、宿をかりると、その家の女が裏の谷川で汗を流すように言う。一緒にゆくと女も裸になって水を浴びる。裸身は「白桃の花」のようである。そこに覆いかぶさるように生えた木の梢から猿がおりてくる。ふつうならその谷川の水を浴びれば、猿だの馬だのになる。この旅の僧は、なぜかもとのからだのままで一ツ家にもどってきた。まわりは木ばかりである。蛭の森を抜けて、妖姫の森に泊まる。翌日もまだ僧身のままだった。本来ならこの「変身の森」に来れば、無事ではすまないはずだった。僧がよんでいたお経の功徳かどうかは知らない。「高野聖」は柳田にいわせれば「毛坊主」で、剃髪をしない半俗の旅僧で、傀儡子などのような放浪の芸人と大差のない存在だったという。この作品でも山中の妖姫の裸身に毒気を抜かれてへなへなとなるような生臭坊主で、お経の功徳など本人も信じてはいなかっただろう。それではなぜ彼のときだけ馬に変えられずにすんだのか不明だが、おそらくは男女のあいだの感情の機微によるところが大きいだろう。それがなければ、『今昔物語集』やその他、東西の古典にあるように、馬になって売り払われるところだった。この種の話で最古のものはキルケがオデュッセウスの家来たちを豚に変えた話だろう。

井上靖『欅の木』一九七〇

「欅《ケヤキ》は一本たりとも切ってはいけない」という文章を新聞のコラムに発表した実業家が、その文章がまきおこした賛否両論のうずにまきこまれながら、各地の欅を検分し、人生について、人間について考えてゆく。最後は「欅を守る会」発足講演会でおわる。東京はもともと武蔵野台地に位置していて欅を中心とした雑木林がひろがっていた。そのころの欅の大木がこの作品の発表された一九七〇年ごろ、どんどん切られていって、姿を消そうとしていた。それに対する危機感が根底にあるだろう。震災や空襲にもたえて生き残った樹齢三百年、四百年の大木を守るとともにあらたに並木や公園に欅を植樹して東京を欅の町にしたいと、作者も主人公も考えている。それに対しては不動産開発業者が開発の邪魔になるといって反対するだけではなく、既存の住宅地のなかでもふつうの庭木のレベルをこえて高く大きく枝をはる欅に対して、日照や落ち葉の問題、あるいは枯死倒壊の危険などからの反対があり、緑をまもるグループからも、ほかの樹種を排除して欅だけを優先して保護育成することの是非を問う疑問がでる。たしかにサン・テグジュペリの『星の王子』の星のようにバオバブで狭い土地が占領され人間のすむところがなくなってしまうようでは困る。[8] 欅の大木が空にむかってそびえる様子はみごとだが、おおきな木は高さは十メートルをこえ、枝のひろがりも高さとおなじくらいとなると、最低でも十メートル四方、百平米の土地が必要で、これ一本生やすのに三十坪の宅地を犠牲にしなければならず、せいぜいその倍の敷地の住宅地では、周辺に日照や落ち葉の問題をひきおこすのはあきらかである。樹高二十メートル、枝の半径十メートルとなると、四百平方メートルの土地が必要になる。高さ制限十メートルで一区画五、六十坪の住宅地では

バオバブ（『星の王子』より）

欅は肩身のせまいおもいをしなけばならない。公園や街路樹ならといっても、日照と落ち葉の問題は住宅地とおなじである。住宅地の中の辻公園では、周辺の住宅への日照被害などは当然考慮しなければならない。

　この作品でもくりかえし例として引かれるパリのマロニエはだいたい樹高二十メートルで六階建ての高さである。これが南側に並木としてうわっていると、それに面した住宅、日本でいえばマンションは六階まで日が当たらない。マロニエは強剪定がきく木なので毎年みじかく枝を切りつめているが、十メートルでは並木にはならないと考えられるようで、すくなくとも建物の四階までは梢がくるように剪定される。欅は日本ではそれほど高木にはならないものの、剪定をせずに自然の枝ぶりを賞翫するもので、伸ばしほうだいにすれば日本ではかなり日照障害をおこす。道幅がパリほど広くないし、低層住宅が多いからである。

　国土のひとりあたり専有面積がフランスの四分の一くらいの日本では、まず庭木としては盆栽に毛のはえた程度の低木で、日陰も落ち葉も隣家に落ちない程度のもの、樹高

五、六メートルのものでなければ不可能だし、街路樹としても十メートルをこえず、強剪定にたえ、落ち葉のすくないものでなければならない。もちろんそのほかに自動車の排気ガスに強いものでなければならない。毛虫がたかりやすいものも好ましくない。それらの事情を考慮すると欅が優先的に選択される率は少なくなる。

　それにパリのマロニエに並ぶものといえば花の目立たない欅は不利だろう。ベルリンのウンターデルリンデンのように花のない（目立たない）並木もなくはないが、リスボンのジャカランダ、南のほうのいくつかの都市の鳳凰木、バンコックのゴールデンシャワーなど、あざやかな花をいっぱいにつける木の並木がいいとなれば、欅にはならない。

　もちろん仙台や府中（東京）の欅並木はいい。しかしすべての道に欅を植えるというのは愚劣である以上に不可能だし、いくつかのシンボル的な通りを欅並木にするのも、都市景観のうえでの十分の検討を要するだろう。この作品ではあまり欅派にたいするアンチ・欅派の議論を取り上げていない。新聞のコラムにたいする反論の投書などももうすこし取り上げて討論のかたちにしたほうがよかっただろう。家族の中でも、会社の中でも、あるいは友人同士の酒の席でも、ふつうはもっと異論や反感がでるものだ。それをふまえて、つぎのコラムでは修正案をだして議論をかさねる。そういった反論にどんなふうに反応するかももっと書き込んだほうがよかっただろう。一か所、たいした反論でもないものに腹をたてているところがあるが、「論争」となれば、ふつうはもっと激高してけんか腰になる。さいごの「欅を守る会」でも、内部の意見対立はかならすあるはずで、なにごともないかのようにめでたし

府中の欅並木

めでたしとしているのは物足りない。全体の構成でも、最初に、切るか切らないか問題になっている欅をめぐって、住民運動をもりあげて、ついに伐採を阻止し、計画を変更させた事例が物語の中心になっていれば、読んでいてもあるていどの満足感があるかもしれない。

主人公も小さな会社の社長という設定だが、それまで会社の営業利益をあげることばかり考えてきて、社会的貢献、社会的責務についてはなにも考えてこなかったことに対する反省が、ときおり抽象的に口にされるだけで、具体的にはなにもしない、なにも考えられないのはどんなものだろうか。たんに欅の生えている土地を買いとって会社の福利厚生施設にするだけのことでもいいし、欅並木プロジェクトをたてるならたてるで、具体的にどこそこの通りを欅並木にする計画を会社として立案し実行することにして、そのプロセスを描いてみればそれなりに面白い。しかしこの作品には具体的個別な欅とそれをめぐる案件はでず、社会問題としてもたとえば東京都の関係部署のプランや都市計画は取り上げられない。場所を特定された欅としては信州穂高町の穂高神社の欅が出てくるが、主人公はその木のまわりをぐるりとひとまわりして、立派なものだというありきたりの感想を述べて、子細に樹木を検討することは同行した「けやき老人」にゆだねてしまう。「欅の木」と題しながら、欅の一生も、一年のあいだの季節の移り変わりにともなう新芽、黄葉、冬枯れの様子も、欅につく昆虫の生態も、あるいはヨーロッパの近縁種の楡《ニレ》などとの比較もみあたらない。「欅老人」の家族も一生もわからない。

井上靖の描いた樹木のテーマでは『あすなろ物語』も思い出されるだろうが、あしたになったらヒノキになろうという野望をもった青年たちの物語で、樹木としてのあすなろは冒頭部、雪のなかで心中をした男女の死体を見守っている樹木のひとつがあすなろである以外はでてこない。

大岡昇平『武蔵野夫人』一九五〇

かつての欅林を開拓した武蔵野の、いまでも昔の面影の残る「ハケ」という湧水のわきだす河岸段丘で物語が進行する。舞台となる道子の家は「樹の多いこの斜面でもひときわ高く聳える欅や樫の大木」の生えたあたりで、庭にも欅が一本立っている。ほかにも「梅、木犀、泰山木等の花木が、四季とりどりの花をさかせ」ている。その家の先代の持ち主は「樹木を愛した」男で「もともと樹の多いこの地面に、さらにさまざまの珍しい観賞用の樹木を植えた」。あたりは勉の出征前はもっと木が多く、雑木林になっていた。「楢やヌルデ」の紅葉が美しかった。「その中へどこまでも入ってゆくと、舟で果てしない沖へ出るような感覚をあじわった」。その雑木林は戦争中に伐採されたが、それでもすこしは残っていた。そこでは「淡い緑が低く連なっている中に樫や椚の大木が聳えているのが」見えた。そこをやがて勉は道子と歩くことになる。ふたりの恋の道行はそのあたりの湧水の水源をさぐる旅であったり、武蔵野のはずれの村山貯水池まであったりしたが、そこには欅の並木に囲まれた神社もあった。井上靖が追慕する欅がこの作品ではふんだんに出てくる。もちろんそれらはいまはもうない。これは戦後すぐの話である。勉は復員後、道子の家に寄宿していた。そして当然のことのように道子と「危険な関係」になった。もっとも道子の夫も不倫をしていた。そして物語の最後、道子は薬を飲んで自殺する。この作品では「ハケ」や欅や、雑木林や、そしてそこにくる鳥や蝶が狂言回しの役をする。たがいにひかれあう男女の目のまえで雌雄の蝶が求愛ダンスをする場面がとくに名高い。

国木田独歩『武蔵野』一八九八

楢《ナラ》を主とした武蔵野の雑木林を散策し、季節のうつろいにしたがって様子をかえる木々の姿を描く。花の終わったあとの小金井の桜堤を歩いて、茶屋の女に馬鹿にされる。あるいはツルゲーネフの日記をひいて、かの地の樺《カバ》の林と武蔵野の楢林がいかに通じ合うかを感じる。雑木林をたたく時雨の音にも情緒をおぼえる。

「林に座っていて日の光のもっとも美しさを感ずるのは、春の末より夏の初めであるが、それは今ここには書くべきでない。その次は黄葉の季節である。なかば黄いろくなかば緑な林の中に歩いていると、澄みわたった大空に梢梢の隙間からのぞかれて日の光は風に動く葉末葉末に砕け、その美しさいいつくされず。」

樺の林もそうだが、樅《モミ》の森とちがって、雑木林には日の光がやわらかくさしこんでくる。武蔵野の雑木林が楢であれ、欅《ケヤキ》であれ、春の新芽、秋の黄葉、冬の枯れ枝と季節ごとに、いろどりを変え、いつでも日の光がもれている。落ち葉をふむ感触もこころよい。

山本周五郎『樅ノ木は残った』一九五六

題名は「国破れて山河あり」というような感じにきこえる。じっさいは、樅の木だけが残ったわけではない。幼かった少女、宇乃も残った。原田甲斐の娘かねも残ったろう。一般に悪人とされる仙台藩家老・原田甲斐の側にたってこの人物のひととなりを十分に書き込んだ小説で、樅の木はとくに何らかの働きをするわけではない。マルローの小説における権力の象徴ではない。もっと個人的なもので、宇乃との関係ででてくる。宇乃という娘にとっては甲斐そのひとのような木であろう。宇乃が最後に樅の木にむかって呼びかけると甲斐がぼーっとした靄の中から近づいてくる。原田は宇乃の思慕の対象だったが、そのおもいは口にすることのできないものだった。幼いときには「好きだ」と口にし、抱きつきもした。しかし、年頃になれば、それはしてはならないことだった。そのかわりに宇乃は樅の木に、抱きつきはしないまでもそれに近い愛着を感じていて、樅の木にむかって「おじさま」と呼びかけるのである。樅の木は、七十郎という人物が死刑を執行された場をみまもっていた千本杉とはちがい、ただの事件の証人ではない。分身樹のようなものである。むしろ事件の証人にはならない。ただそこに生えていただけである。ただ原田はこの木が好きだと言った。それを聞いていた宇乃が最後に木にむかって甲斐の名を呼ぶ。その時だけではなく、その後いつまでも、宇乃が呼びかければ甲斐の霊がこたえ、近づいてくるだろう。樅の木は甲斐だった。樅の木のありかたは、非暴力という甲斐の思想の形だった。

樹木に対する愛はモーリアックの場合、幼いころ育った家の庭に生えていた大きな樅の木に対して抱いた感情でもあった。悲しい時、淋しい時、モーリアック少年は庭にでて、その木に抱きついた。するとこころが通じるのだった。

山本周五郎『夜の辛夷』（全集一九六七）

山本周五郎は庭先の木や花に目をとめる作家だった。『夜の辛夷《コブシ》』もそのひとつである。捕吏に追われる窃盗犯の男が遊郭の女のところへかよってくる。かよっても女には手をだささない。来るたびに窓からみえる辛夷の花をみている。最後に縄をかけられる直前、それははじめて女と肌をあわせたときでもあったが、女は捕吏にいわれたとおりの匕首の刺青が男の胸にあることをたしかめた。捕吏は下でまっている。女がさいごにもういちど男のからだに身を寄せる。その時、首筋にひやっとするものがあった。男はびくっとして、縄がかかったかと思ったという。辛夷の花だった。いつもみていた夜の辛夷である。白いさみしい花が夜の窓あかりに浮かびだしていた。それがいまぽとりと落ちた。辛夷を見ていた男の心情はどんなものだったろう。女とのつかの間の、愛というにはあまりにあわい愛のかなしさ、はかなさを彼はその花にみていた。夜の闇に浮かぶ白い花は女の白い顔でもあった。それはそこに生えているだけで、手折ることもできないもの、やがてぽとりと落ちるものだった。それがぽとりと落ちたのは、彼の逃走の最後の時であり、女との逢瀬の最後でもあった。いつもみていた花が落ちたのである。彼の首もおなじように落ちるかもしれない。それより確実に、女との愛もそれでおしまいになった。花は愛でもあり、自由でもあり、浮世へのしがらみでもあり、女でもあり、その女のかなしい運命のそのかなしさでもあった。『夜の辛夷』が描き切ったものは、苦界に生きる女のせつなさ、あわれさであり、警吏に追われ、おなじようにかなしくも苦しい人生を生きる男のつかの間の慰藉であった。いずれそれは終わらなければならなかった。それが彼の首すじに落ちたのである。

水上勉『弥陀の舞』『櫻守』一九六九

　水上には『紅花物語』『櫻守』など植物篇的な作品があり、『越前竹人形』の竹、『弥陀の舞』の楮などに植物へのやさしいまなざしがある。ここではまず『弥陀の舞』をみてみよう。物語の舞台は越前と若狭のさかいの山里である。主人公のくみはそこの村に「桐の花がまっさかりのとき」にあずけられ、以後、母の消息は絶えた。消息の絶えた母のことをおもうといつも「桐の花が散った」。父は村人の暴動にまきこまれて収監され、獄中で死んだともいう。兄弟もいない一人っきりのみなし子である。村の生業は紙漉きである。楮を山から刈ってきて、火にかけてから、水にさらし、皮をむき、乳液状にする。その楮のみわけかたなど一から彼女は弥平に教わった。そして夜は一人で寝た。「夜っぴて、むささびのなく声がきこえた」「番の小屋で、このむささびの声をききながら眠るのは、くみにとっても、ほかの娘たちにとっても淋しかった」。くみはむささびをみたことがあった。「やまかげの湿った窪みに、二本の巨大な椎が、こぶのような根をひろげている。その根方に、茶褐色の猫のようなものが小さな仔をかかえてうずくまっていた」。それがむささびだった。むささびはくみを警戒して、仔を口でくわえ、木をのぼってそこから隣の木へとんだ。そして木の股にあいた黒い穴にかくれた。まるで椎の木の精のようだ。むささびは木のうろに住んでいて、夜になると異性を呼んで啼く。くみはその淋しい啼き声をききながら、親子のむささびの不気味な様子をまぶたにうかべるのだった。木のなかにひそむ獣にも母親がいる。自分には一人の家族もいない。親方の弥平は親切にしてくれたが肉親ではなかった。

　山の紙漉きは山の楮を刈って山の川にさらして山の冷気の中で漉く。山ではむささびや「無間の鳥」という姿をだれも見たことのない鳥の鳴き声がきこえる。葉をつけた樹木が一枚の紙になる。炭焼きでも、木挽きでも、山でくらすものの暮らしは同じだった。都会の便利な電車やデパートはなく、電気製品でさえほとんどなかった。ひたすら山の木々、山の幸を人の生活の便利になるように加工するのである。そこで漉いた紙は山の木々そのものだった。『弥陀の舞』の最後は弥平とくみが漉いた特大の紙に新築の寺の本堂の壁いっぱいに描いた弥陀の舞の絵の落飾式にくみがよばれて、自分たちの漉いた紙に当代一の画家たちが精魂込めて描いた絵を感激をこめてみつめるところ[07]、そして間もなくやってくる弥平の死で終わっているが、これこそ「森の生活」と文化との接点の物語りだった。

　水上勉の『櫻守』は具体的な二本の桜の老樹の保護・移植の物語である。また、それにかかわった植木職弥吉の一生の物語でもある。弥吉は大正五年ごろ京都府鶴が丘に宮大工の父親のもとに生まれ、十四歳で京都の植木屋に弟子入りし、しばらくして桜研究家の竹部の助手になる。戦争中は徴用されるが身長がたりないために戦地へ送り出されることはなく、復員し、最初の植木屋にふたたびやとってもらう。そのうち新聞で高速道のために竹部の桜苗園がなくなることをしり、竹部を訪れる。竹部は御母衣ダムによって水没することになる樹齢四百年の桜を移植して保存する仕事に弥吉をつかせる。難事業は彼らの努力によって完成し、移植された桜は花を咲かせる。弥吉は死を目前にして、彼が世話をしていたとある墓地の桜のしたに埋めてもらいたいと遺言し、そのとおりになる。「桜の樹の下には死体が埋まっている。」

高田宏『木に会う』一九八九

まず最初は縄文杉である。そこへゆくまで「暗い森だった。荒々しい森だった」、「木の生命力があふれていた」、「森そのものが一つの生命のようであった」、「巨大な命がわたしをおしつつむ」。その森で縄文杉の根方で一夜を過ごした。「森の夜はおそろしい」、「得体のしれない恐怖」だ。四月だが夜はまだ寒い。セーターを何枚も重ね着し、寝袋にはいっても指先がかじかむ。ついに一睡もできずに夜をあかす。「夜の森は、怪異の世界である」。それより寒さがきびしかったろう。このつぎは冬の雪のなかで縄文杉を見てみたいというが、とても実行はできなかったろう。この本ではつぎは白山のブナ林を歩き、峠の上から谷に向かって放尿し、ついで冬の秋山郷にはいる。『木に会う』の最後は房総の浜辺で、「陸上の木々が一斉に静かに海へ向かってあるいてゆく」夢でおわる。「大きな木だけではなく、灌木も草も、地面にある一切のものが、滑るように海へ向かっていた。木々は海辺から海へ入り、(……)次々に海中にきえていった。(……)背後を振り返ると、陸にはもう一本の木も一本の草もなく、赤茶けた土がどこまでも続いているだけだった」。その夢のもとは伊勢湾台風で家々が海へ流されて、あとには砂浜が残るだけの鍋田干拓地の印象だろうかというが、東北大地震の津波でさらわれる町の光景でもありえる。また現実に植生の乏しい房総の浜辺のさみしい光景でもあろう。この作品は一九八九年だから東北大地震の二十五年前だが、大災害はいつおきても不思議はなく、山がまるまる海へなだれこむような大異変もいつかはあったし、いつかはありえることであろう。そして自然の災害でなくとも、人の手による開発がおなじ光景の夢をみさせるかもしれない。

この本はそのあと、木で作る和船や、木工細工、古い民家の曲がった梁などについて語ったあと、『遠野物語』拾遺の思いがけない話を紹介している。木との婚姻の話の章に付け足すべきものであろう。引用の引用である。「……この曲栃の家には美しい一人の娘があった。いつも夕方になると家の後ろの大栃の樹の下へ行き、幹にもたれて居り居りしたものであったが、其の木が大槌の人に買われてゆくということを聞いてから、切らせたくないと謂って毎日毎夜泣いて居た。それがたうたう金沢川へ、伐って流して下すのを見ると、気狂の様になつて泣きながら其の木の後に付いていき、いきなり壺桐のふちに飛び込んで沈んでいる木に抱き付いて死んでしまつた」。まさしく樹霊と結ばれていた娘の悲話である。

この前後、失われてゆく木の文化へのノスタルジーがこめられた、どちらかというと、センチメンタルな文章がつづくが、木とか、木綿とか、和紙とか、あるいは和船とか、井戸とか、草鞋とか、それらはこの本にはとりあげられていないものも多いものの、思想としては同じものだろうが、そういったものへのノスタルジーはともすれば安易なエコロジー崇拝、さらには不可能な原始生活への回帰願望にも通じかねない。古い建物が壊されて新しいものに建て替えられるたびに、失われたものをなげく懐古趣味でもあるだろう。しかし人間の文化はつねに自然を破壊してその廃墟の上にたてられてきたのである。そしてなお、自然と文化との共存がいつの時代でも模索されてきた。花という、その言葉にすでに文化がこめられている。自然のままの花は「野の花」「野草」という。樹木の花は多くは人の目にふれない。実がなってはじめて花があったのだと気がつく。たいていの「花」はバラにしてもシャクヤクにしても、みな人の手が加わった園芸品種である。それでもその花一輪を壺にさしてコンクリートとガラスの近代建築の窓辺におく。あるいはコンクリートの建築の直線の構成の一角に坪庭をつくり、木を一本植える。それだけで、人間の文化の淵源であった森が喚起される。かならずしも都会のまんなかに自然の原始林を作り出す必要もなければ、その可能性もない。一本の木でいいのである。的確に選ばれた木で、的確に配置され、大事に維持されたものであれば、ただ一本の木が、大森林を喚起することができる。実際の森林にいっても、太古の大森林はそこにはない。全く人の手がはいっていない大森林は熱帯のジャングルへいってもめったにないのである。だからといって人の登場以前の大森林を懐古的になつかしんでも意味がない。一本の樅の木が、たとえば原田甲斐という人間の（たぶんに作者の思い入れでゆがめられた）生きざまを思わせればいいのである。「孤独な散歩者」が静かな森のたたずまいに感激して、苔の上に横になって夢想にふけっているときに、どこからかコトコトという音がきこえて、音のするほうを木の間越しにのぞいてみると靴下工場があったなどというところで、「散歩者」の幻滅をわらってもいいが、工場を撤去させなければならないなどと、言い出しはしないところで、ほっとするのである。人間の世界には工場もあれば、ごみ処理場もある。しかし、森もまだ少しは残っている。工場のかわりに農地がひろがっていたらどうなのだろう。それだって、森が侵食されてトラクターがはしりまわっていると嘆くのか、森のままで炭焼き小屋があるだけなら許されるのか、それですら自然の破壊として目をつりあげて憤るのか。さまざまな考え、さまざまな感じかたがあるだろう。いちがいに古いものがみないいわけではない。新しくて便利なものもあり、古くて不便なものもある。森といっても間伐や下枝切り、下草刈りをして良好な状態で維持されている森もあれば、倒木が放置され死滅寸前になっている森もある。白砂青松という日本の風景は、製鉄や燃料のために森を切りつくして裸山になったところに生えた松と流れ出した岩肌の砂でできた破壊された自然の極限の様相だともいうが、それだって自然のサイクルのひとつの様相で、焼き畑が何年後かにはまた自然の森を回復するように、しばらく待てば、そこに落葉樹も生えてきて雑木林が形成されてくるかもしれないし、そこに住む人間の数が多くなって、森林の占める余地がなくなれば、それなりに、一本の木を大事にする文化が生まれるかもしれない。

『木に会う』ではもちろん谷崎の『陰影礼賛』も引かれている。しかしそこで、欄間だの床の間だのという日本建築が、いわゆる伝統的な民家とは無縁な近代ブルジョワジーの「あだ花」のようなものだと、そこまでは言っていないが、言外にいおうとしているのは興味深い。時代が進んできて、いまとなっては、谷崎が礼賛したものは、いかにも「ふるきよき日本」のようにみえるものの、谷崎がそれを描いたころはむしろ近代都市のエリート階層の文化だったのではないかというのであれば、たしかにそうかもしれない。『細雪』に描かれた世界はある意味で『源氏物語』の世界とおなじく、一般大衆の生活からは遊離した世界であり、そこで「よき趣味」とみなされているものは、近代ブルジョワジーの成金趣味だったかもしれない。

そのような正当しごくな指摘をしながら、その先では田園調布の町並みを「礼賛」している本書は、矛盾しているといったら酷だろう。ある時期の富裕階級のたぶんに西洋かぶれの「よき趣味」でできた町並みは、たとえばヨーロッパのいなかの古い村の「美しい」家並みのもつ雰囲気とはまるでちがうものであることはいうまでもなく、日本の時代的な古い町並みともちがい、いかにもにせものの町という感じをもつ人もいるのである。

石上堅『木の伝説』一九六九

民俗学者が木をめぐるエセーをまとめた。なんじゃもんじゃの木からはじめて、近づくと姿が見えなくなる「箒木」、桜の幹に文殊菩薩の姿があらわれる「文殊桜」、そのうえに諸仏がおりたった「羅漢松」、氏神が宿った「宿杉」、星が宿る「星見の松」、文字通りの「天狗の腰掛松」などにまとめ、つづいて「天に上るための木」「幸福をつくりあげる木」などをまとめ、「生と死をきめる木」では、「子授けの松」などのほかは、だれそれが首を吊ったという「掛け木」のたぐいを紹介、病を癒す木、災厄をまぬがれる木など様々な木の民俗を紹介するが、たとえば「夜半の眠りを突如引き裂く、子供の泣きたけぶ声は、母親の細い身を削り取る。火がつく咳き込みで、どれほどあやしても受け付けない。抱き揺さぶりながら、三度も四度も、家外を暗くまわっても甲斐なく、凍みる夜とともに、母の身も心も崩れてゆく」という文章ではじまる「病をなおす木」では、子供の夜泣きをとめるという言い伝えから、幹を削って燃した「夜泣き松」などについて語るその語り口は民俗学者というよりは、文学者のそれだろう。

日本文学の花と樹拾遺

◆一茶と彼岸花

たむくるやむしりたがりし赤い花

幼くして死んだ娘の墓へもうでて、ヒガンバナをたむけて詠んだ句。

この一茶の句について赤い花がなんだの、当時の社会では花を手折ることが禁じられていただのというあほだら経を言ってみても意味がない。花を手折ることが禁じられていたというのは何年のどこの禁令だったかわからないが、江戸の禁令は田舎では通用しなかったろうし、「江戸徳川禁令考」ではざっとみたところは、花を手折ってはいけないといった条項はみつからない。だれかの所有物であれば、垣根の花であっても勝手に手折ることはできないだろう。しかし野の花についてそのような禁令があったとは思えない。たとえばタンポポを摘んで綿毛を吹いてみる、するとたんに御用だ、禁令違反だと甲高い声がひびいたということはまずないだろう。すくなくともここは禁じられた高価な花などではありえない。墓地に咲く赤い曼珠沙華であろう。幼い子供が手折ろうとする。すると一緒にいた親が、だめ、あれは死人の花だからといって子の手をとめただろう。その子がいまは死んで墓に葬られている。そこに椿などの値の張る花を買ってきて捧げるのではない。手ぶらで墓にもうでて、そこに生えていた赤い花、曼珠沙華をたむけたのである。それがふさわしい幼い子だった。わずかのあいだの命だった。金襴緞子の衣装を着ることもなく、ちいさなゆかたに赤い帯をしめてはしりまわっていた。それがふとしたことで寝付いて、あっというまに死者の世界へいってしまった。したいことがあったらなんであれ好きなようにさせていればよかった。この花もそういえば、手折りたがって、許さなかった。不憫なことをした。さあ、いまは好きなだけこれをもって遊んでごらん。死人の花だから、いまはいくら手折ってもいいのだよというのである。

　曼珠沙華を墓に植えるのはモグラよけである。根に毒があってモグラをとおざける。むかし土葬のころは、モグラが死体をかじりに来た。曼珠沙華はそれをふせぐために植えられた。

　曼珠沙華は白秋にもある。

GONSHAN, GONSHAN 何処へゆく。
赤い、御墓の曼珠沙華《ひがんばな》
曼珠沙華《ひがんばな》
けふも手折りに来たわいな。
（……）
ちょうどあの子の年の数。

◆辛夷の花　三好達治

山なみ遠《とほ》に春はきて
こぶしの花は天上に
雲はかなたにかへれども
かへるべしらに越ゆる路

青く澄んだ空である。そこに白い雲が浮かんでいる。すぐそこにはまっ白な辛夷の花が咲いている。さみしい花である。見あげる空に辛夷の花がゆれ、ふわりと枝をはなれていったように雲が浮かんでいる。雲はあるか無きかの風に吹かれて消えてゆく。そのあとを目でおってゆく自分には帰るところがない[80]。

辛夷の歌ではこんな歌もある。

夢の世と思ひてゐしが辛夷咲く　能村登四郎

三好達治は朔太郎に師事した。そして朔太郎の妹を娶ったが、この結婚は惨憺たるものだった。そのあたりは萩原葉子『天上の花』に描かれる。この詩もそこに引かれている。

◆萩原朔太郎　恋を恋する人

わたしは娘たちのするやうに、
こころもちくびをかしげて、
あたらしい白樺の幹に接吻した、
くちびるにばらいろのべにをぬって、
まっしろの高い樹木にすがりついた。

朔太郎の詩集『月に吠える』から。全十八行の詩。しなびた「薄命男」が女のように化粧をして白樺に接吻する。「かぐわしい初夏の野原で、きらきらする木立の中」。

白樺に抱きつく男は十一谷義三郎の『白樺になる男』にもでてくる。病魔におかされた男が熱にうかされて、さまよいでる。「右も左も白樺である。前も後ろも白樺である」。その一本につまづいて倒れ、立ち上がって「彼は白樺の幹にしっかりと抱きついて息をついた」。そうやってどれくらいの時が経ったのだろう。「幹にまきつけた胸が、樹の分身のように白く硬直している」「樹をはなれようとするが足が自由にならない」。そのまま白樺になってしまうようである。

朔太郎の植物幻想では「竹」がある。

光る地面に竹が生え、
青竹が生え、
地下には竹の根が生え、
根がしだいにほそらみ、
根の先より繊毛が生え、
かすかにけぶる繊毛が生え、
かすかにふるえ。

◆『枕草子』の花

最後に『枕草子』に列挙された「木の花」ほかをあげておく。

木の花は、濃きも薄きも紅梅。桜は、花びら大きに、葉の色濃きが、枝細くて咲きたる。藤の花は、しなひ長く、色濃く咲きたる、いとめでたし。

四月のつごもり、五月のついたちのころほひ、橘の葉の濃く青きに、花のいと白う咲きたるが、雨うち降りたるつとめてなどは、世になう心あるさまにをかし。花の中より黄金の玉かと見えて、いみじうあざやかに見えたるなど、朝露にぬれたるあさぼらけの桜に劣らず。ほととぎすのよすがとさへ思へばにや、なほさらに言ふべうもあらず。

梨の花、よにすさまじきものにして、近うもてなさず、はかなき文つけなどだにせず。愛敬おくれたる人の顔などを見ては、たとひに言ふも、げに、葉の色よりはじめて、あいなく見ゆるを、唐土には限りなきものにて、文にも作る、なほさりともやうあらむと、せめて見れば、花びらの端に、をかしきにほひ　こそ、心もとなうつきためれ。楊貴妃の、帝の御使ひに会ひて泣きける顔に似せて、「梨花一枝、春、雨を帯びたり。」など言ひたるは、おぼろけならじと思ふに、なほいみじうめでたきことは、たぐひあらじとおぼえたり。

桐の木の花、紫に咲きたるはなほをかしきに、葉の広ごりざまぞ、うたてこちたけれど、異木どもとひとしう言ふべきにもあらず。唐土にことごとしき名つきたる鳥の、えりてこれにのみゐるらむ、いみじう心ことなり。まいて琴に作りて、さまざまなる音のいでくるなどは、をかしなど世の常に言ふべくやはある。いみじうこそめでたけれ。

木のさまにくげなれど、楝《あふち》の花いとをかし。かれがれにさまことに咲きて、必ず五月五日にあふもをかし

草の花は撫子《なでしこ》。唐のはさらなり、大和のもいとめでたし。女郎花《をみなへし》。桔梗《ききやう》。朝顔。刈萱《かるかや》。菊。壺すみれ。竜胆は、枝さしなどもむつかしけれど、こと花どもの、みな霜がれたるに、いとはなやかなる色あひにてさし出でたる、いとをかし。また、わざと取りたてて人めかすべくもあらぬさまなれど、かまつかの花、らうたげなり。名もうたてあなる。雁の来る花とぞ文字には書きたる。かにひの花、色はこからねど藤の花といとよく似て、春秋と咲くがをかしきなり。

萩、いと色ふかう、枝たをやかに咲きたるが、朝露にぬれて、なよなよとひろごり伏したる。

さ牡鹿の、わきて立ちならすらむも、心ことなり。八重山吹。

夕顔は、花のかたちも朝顔に似て、言ひつづけたるに、いとをかしかりぬべき花の姿に、実のありさまこそいとくちをしけれ。などさ、はた生ひいでけむ。ぬかづきといふものの、やうにだにあれかし。されどなを、夕顔といふ名ばかりはおかし。しもつけの花。蘆《あし》の花。

これに薄《すすき》を入れぬ、いみじうあやしと人いふめり。秋の野のおしなべたるをかしさは、薄こそあれ。穂さきの蘇枋《すはう》にいとこきが、朝露にぬれてうちなびきたるは、さばかりの物やはある。秋のはてぞ、いと見所なき。（……）

花の木ならぬはかへで。桂。五葉《ごよう》。たそばの木、しななき心地すれど、花の木ども散り果てて、おしなべて緑になりたる中に、時もわかず濃き紅葉のつやめきて、思ひもかけぬ青葉の中よりさし出でたる、めづらし。

檀《まゆみ》、さらにもいはず。そのものとなけれど、やどり木といふ名、いとあはれなり。榊《さかき》、臨時の祭の御神楽《みかぐら》のをりなど、いとをかし。世に木どもこそあれ、神の御前のものと生ひはじめけむも、とりわきてをかし。

楠の木は、木立多かる所にも、殊にまじらひ立てらず、おどろおどろしき思ひやりなどうとましきを、千枝《ちえ》に分かれて、恋する人の例《ためし》に言はれたるこそ、誰かは数を知りて言ひ始めけむと思ふに、をかしけれ。

檜の木、また、けぢかからぬものなれど、三葉《みつば》四葉《よつば》の殿づくりもをかし。五月に雨の声をまなぶらむも、あはれなり。

楓の木のささやかなるに、萌え出でたる葉末《はずゑ》の赤みて、同じ方《かた》に広ごりたる葉のさま、花もいとものはかなげに、虫などの枯れたるに似て、をかし。

あすはひの木、この世に近くも見え聞こえず、御嶽《みたけ》に詣でて帰りたる人などの持て来める。枝ざしなどは、いと手触れにくげにあらくましけれど、何の心ありて、あすはひの木とつけけむ。あぢきなき兼言《かねごと》なりや。誰に頼めたるにかと思ふに、聞かまほしくをかし。

色々に乱れ咲きたりし花の、かたもなく散りたるに、冬の末まで、頭《かしら》のいとしろくおほどれたるも知らず、むかし思ひで顔に、風になびきてかひろぎ立てる、人にこそいみじう似たれ。よそふる心ありて、それをしもこそ、あはれと思ふべけれ。

おわりに

安田喜憲氏がスサノオ神話とギルガメシュをふまえて、日本には植林の神話があり、メソポタミアには森を破壊する神話があったと言っていたのを聞いたのはもう三十年もむかしのことだ。森を切り尽くして文明は滅びると言っていたのは梅原猛氏だったろうか。日本の森はその後、経済の停滞期にはいってもあいかわらず危険な状況にある。欅の木はいたるところで切られている。野の花の咲いていた草はらも最近は太陽光発電システムに駆逐されている。空からみるといまは黒々としたソーラーパネルで日本列島が覆いつくされようとしている様子に愕然とする。山はけずられてゴルフコースになっている。「一本たりとも欅は切ってはならない」という過激な主張は、けっして過激すぎはしない。とくに縄文杉のような巨木はなんとしてでも保存したい。しかし周りを裸にして一本だけ巨木を残しても残したことにはならない。巨木一本を保存するにはそれを囲む森ひとつがいるのだ。また、そんな巨木を擁した森であれば、檜や杉の植林山とはちがって、多様な樹木相がみられ、さまざまな鳥や昆虫や動物が集まってくる。

フランスの森へ行ったとき、木の間隠れに鹿の姿を見、狐がふりかえってから木のあいだに隠れてゆくのを見た。そこで栗を拾ったりした。キノコも採れた、花も摘んだ。動物たちが自然状態で棲んでいる森がフランスにはまだたくさんある。それも大都市の近郊にある。森林率からいえば日本はフランスの倍以上なのだが、都市の森林率はきわめて低いし、動物の棲んでいる自然の森の公園はほとんどない。自然と都市がうまく共生できていないのだ。したがって文学などでも、森の休日などを扱ったものはめったにない。木に会うには屋久島まででかけていかなければならない。もうすこし近くに巨木を隠した本当の森林や、野草でいっぱいの草っ原がないものだろうか。かつての武蔵野でもいい。木を植えた男が神話時代にいた日本で、ソローのような、ジオノのような森の文学が生まれるのはいつのことだろうか。森、この静かなものいわぬ存在が暴力的社会に対するアンチテーゼとして常に意識されるようになるのはいつだろうか。

校了後になって、ソルボンヌ名誉教授のルクトゥ氏から、植物神話に関する資料がいくつか写真とともに送られてきたが、本書に取り入れることはできなかった。後日の機会を待ちたい。

おわりにあたって、編集の三宅郁子氏に御礼申し上げる。それぞれの章にぴったりした図版を選んでくださったのが三宅さんである。

二〇一六年五月

篠田知和基

ポール・セザンヌ《松の大木》1895年頃　エルミタージュ美術館

参考文献

Boudart, Carine, *A fleur de contes*, ed. Voyageurs, 2015
Boyer, Marie-France, *le Langage des arbres*, Thames / Hudson, 1996
Chantal, Laure de, *le Jardin des dieux*, Flammarion, v2015
Corbin, Alain, *La douceur de l'ombre*, Fayard, 2013（緑陰の楽しみ）
Delarue et al, *Contes populaires français*, Maisonneuve et Larose, 1910
Domont, Philippe et Montelle, Edith, *Histoires d'arbres*, des sciences aux contes, ONF, 2004
Dubois-Aubin, Hléène, *l'Esprit des fleurs*, Cheminements, 2002
Ducourtial, Guy, *Petite flore mythologique*, Belin, 2014
Foufelle, Dominique, *Les fleurs et les plantes*, 2012
Leborgne, Jar Yann, *Des arbres*, des rites et des croyancces, OREP, 2012
Mythologie des arbres, Mythologie française, 187, 1997-8
Nerval, *Oeuvres*, Gallimard 1960
Sébillot, Paul, *Le folklore de France*, Imago 1993
Michel, Aimé et Clébert, Jean-Paul, *Légendes et traditions de France*, Denoel, 1979
Ronsard, Pierre de, *Œuvres complètes*, NRF, 1950
ボリス・ヴィアン『うたかたの日々』早川書房、一九七九
エスピノーサ『スペイン民話集』岩波文庫、一九八九
エリス・デイヴィッドソン『北欧神話』青土社、一九九二
オウィディウス『転身物語』人文書院、一九六六
イタロ・カルヴィーノ『イタリア民話集』岩波書店、一九八五
カルロ・ギンズブルク『闇の歴史』せりか書房、一九九二
カール・ケレイニー『ギリシャの神話』岩波書店、一九六〇
ジョルジュ・サンド「物言う樫の木」『ちいさな愛の物語』所収、藤原書店、二〇〇五
ジャン・ジオノ『木を植えた男』あすなろ書房、一九八九
チャールズ・スキナー『花の神話と伝説』八坂書房、一九九九
エミール・ゾラ『ムーレ神父のあやまち』藤原書店、二〇〇三
リジー・ディーズ『花精伝説』八坂書房、一九八八
デュマ・フィス『椿姫』岩波書店、一九七一
ミシェル・トゥルニエ『フライデーあるいは太平洋の冥界』河出書房新社、二〇〇九
マルセル・ドゥティエンヌ『アドニスの園』せりか書房、一九八三
ジャンバティスタ・バジーレ『ペンタメローネ』大修館書店、一九九五
コティー・バーラント『アメリカ・インディアン神話』青土社、一九九〇
オノレ・ド・バルザック『谷間のゆり』集英社、一九七九
マルタン・フェルマースレン『キュベレーとアッティス』新地書房、

一九八六
ジェームズ・フレイザー『金枝篇』岩波書店、二〇〇二（新訂）
プルタルコス『エジプト神オシリスとイシスの伝説について』岩波書店、一九九六
ジャック・ブロス『世界樹木神話』八坂書房、二〇〇〇
マイケル・グラントほか『ギリシャ・ローマ神話事典』大修館書店、一九八八
オットー・ランク『英雄誕生の神話』人文書院、一九八六
ジャン＝ジャック・ルソー『孤独な散歩者の夢想』岩波書店、一九六〇
石上堅『木の伝説』宝文館出版、一九六九
石田英一郎『桃太郎の母』講談社、二〇〇七（新訂）
泉鏡花『全集』岩波書店、一九七四
井上靖『欅の木』文藝春秋社、一九七一
井本英一『夢の神話学』法政大学出版局、一九九七
稲田浩二ほか『日本の民話 一二巻』ぎょうせい、一九七九
梅崎春生『幻化』新潮社、一九六六
袁珂『中国の神話伝説』青土社、一九九三
大岡昇平『武蔵野夫人』講談社、一九五〇
小沢俊夫ほか『世界の民話』全二五巻、ぎょうせい、一九七六〜一九八六
大江健三郎『M／Tと森のフシギの物語』岩波書店、一九八六
上村勝彦『インド神話』筑摩書房、二〇〇三
梶井基次郎『桜の樹の下には』（『全集』）筑摩書房、一九五七
川崎寿彦『森のイングランド』平凡社、一九七八
国重正昭ほか『チューリップ・ブック』八坂書房、二〇一二
関敬吾『日本昔話大成　二〜七巻』角川書店、一九七八
高津春繁『ギリシャ・ローマ神話辞典』岩波書店
高田宏『木に会う』新潮社、一九八九
座右宝刊行会『世界美術全集』小学館、一九七七〜八〇
多田智満子『森の世界爺』人文書院、一九九七
中央大学人文科学研究所編『フランス民話集　一〜四巻』中央大学出版部、二〇一二〜一四
『定本柳田国男集』筑摩書房、一九六九
日本民話の会『世界の花と草木の民話』三弥井書店、二〇〇六
水上勉『桜守』新潮社、一九七六
水上勉『弥陀の舞』角川書店、一九七二
『水上勉全集 一九』中央公論社、一九七九
宮沢賢治『全集』筑摩書房、一九八五
山中哲夫『愛のフローラ』同文書院、一九九二
山中哲夫『花の詩史』大修館書店、一九九二
山本周五郎『樅の木は残った』講談社、一九五八
吉田敦彦『小さ子とハイヌウェレ』みすず書房、一九七六

註記

はじめに

01 妖精ヴィヴィエンヌはメルランの愛を利用して、メルランから魔法の術を伝授してもらい、その魔法の力でメルランをガラスの棺に閉じ込め、湖底のガラスの城のなかにその棺を置いた。メルランはそれまでは森の王で、リンゴの木の上にすわっていた。

02 多田智満子『森の世界爺』

I 神話の森

01 内田百閒がこれについてどこかで書いている。岡山地方の習俗のようである。

02 『海神小童』

03 石田英一郎『桃太郎の母』講談社、一九八四

04 一般に男根象徴とされる。

05 ティタンたちにつかまって八つ裂きにされたのを、ゼウスが心臓をのみこんで、セメレとまじわって懐妊させ、セメレが死んだときは胎児をとりだして太ももに縫い込み、二度生まれ直させた。その後、海に突き落とされてテティスに救われ、二度死んで甦ったとされる。

06 プルタルコス『エジプト神オシリスとイシスの伝説について』

07 アテネでは舟にのってディオニュソスがやってきたものとして、舟をかたどった山車をつくり港から市内へ練りこむ。

08 オットー・ランク『英雄誕生の神話』

09 木を裂いてくさびを打っておいて、そこに悪魔、巨人、熊などをおびきよせてくさびをはずしてとらえる話は世界的に流布している。

10 三品彰英の著作を参照。『神話と文化史』(平凡社)ほか。

11 夢中放尿という神話概念を提唱したのは井本英一である。

12 夜郎国始祖伝承。雲南地方の竹には巨大なものがある。

13 辻直四郎『古代インドの説話』春秋社、一九七八

14 フランスの地理学者エリゼ・ルクリュに『川の物語』があり、雨水から海まで川の一生を語っている。

15 メイポールは本来は森の木を切ってきて、こずえには枝葉をつけたまま広場に立てて祀ったようである。樹木霊を祀る祭式である。

16 最初の宇宙の裂け目、巨人ユミールがそこにいた。

17 中央大学人文科学研究所『フランス民話集』中央大学出版部、二〇一二

18 スカジが父の死の賠償をもとめに来たというヴァージョンもある。

19 谷口幸男ほか『ヨーロッパの森から』。本書には、マリアやイエスが十字のついたリンゴをもっているとある(五九頁)が、こ

れはリンゴではなく、cruciger あるいは十字球で、球は地球あるいは世界をあらわす。各地の王家のレガリアとしても王笏、王冠と並んで伝承される。拙著『ヨーロッパの形』（八坂書房、二〇一〇）参照。十字のついていない球の場合はリンゴである可能性もある。

20 メレアグロスの命は生まれたときに燃えていた薪一本の命だった。母親はその薪を暖炉からとりだし、大事にしまっておいたが、カリュドンで我が子が彼女の兄弟を殺したのを恨んで、とってあった薪を取り出し火中に投じた。我が子より兄弟が大事だったのである。

21 ヨーロッパは大森林におおわれていたと思うことがあるが、すべてが密生した森林だったわけではなく、森林とヒース原、それに湿原が交代していた。ヒース原は低灌木しか生えず草地になっていれば牧草地になった。またラヴェンダーなどの香草も生え、春は花が咲いた。

22 コティー・バーランド『アメリカ・インディアン神話』

23 デメテルは娘をハデスにさらわれて嘆き悲しみ、穀物の母としての職務を放擲した。その結果、穀物が実らなくなって困ったので、バウボという女がデメテルの前で、自らの性器を露出して女神を喜ばせた。女神はそれまで滞在していた王の宮廷でお礼に王子を不死にし、麦を世界にひろめる職務を与えた。日本ではアマテラスが天の岩戸に隠れたのをウズメが裸踊りでひきだした話につながるとともに、アマテラスによって地上に派遣されたニニギノミコトが稲穂をまくと世界が明るくなった神話に相当する。

24 小島瓔禮「愛と死そして愛の呪術—麻酔性植物の起源神話の構造—『愛の二元性』（GRMC、二〇一〇）附：篠田によるコメント。にタバコの起源の神話が述べられている。世界的に多いのは死んだ女の墓からタバコが生まれる話で、悪女から悪魔の草が生じたというのと、美女の墓から生えたタバコをくゆらせると女の面影が浮かびあがるというものである。レヴィ＝ストロースのM23は前者の例だろう。M26では蛇を殺して焼くと、タバコとトウモロコシと木綿が生まれる。

25 この竜王の娘は定期的に宮殿の隅の井戸から竜になって身をおどらせて竜宮へかよっていた。それを夫に見ないでくれと頼んでいたが、あるときついに夫の知るところとなり、妃はもはやこれまでと、竜宮へ戻って、二度と帰ってこなかった。メリュジーヌ・タイプの物語である。

26 この神話については吉田敦彦『豊穣と不死の神話』（青土社、一九九〇）などで論じられている。

27 古代の家屋では厠は戸外、それも川の上にあった。

28 さらに「月桂樹」は月の桂から出たが、神話とは関係のないところで、ロリエの訳として考案されたものである。英中辞典を初めてつくるときに考えた訳語のひとつで、その結果、月桂樹、桂、金木犀という三種の樹種が月に関係することになった。

29　吉野裕『風土記』平凡社、一九六九

II　神話の花園

01　中村公一『中国の花ことば』岩崎美術社、一九八八
02　植田重雄『ヨーロッパの祭りと伝承』早稲田大学出版部、一九八五
03　水沢謙一『花の民俗』野島出版、一九七四
04　『RTP, 民間伝承誌』一八九九年五月
05　Sébillot, *Le folklore de France*（セビヨ『フランス・フォークロア大全』）
06　居初庫太『花の歳時記』淡交新社、一九六八
07　右端のゼピュロスも宙に浮いていて下半身がみえず、冬から春への季節の移行をあらわす記号とすると、人物はそれより左にしかいないことになる。クロリスとフロラが同一であるなら、四人とヘルメスだが、ヘルメスも画面に背を向けていて、女神たちとは別であるようにみえる。四人の女神を一人の女神ホーライの四態（春夏秋冬）とみる所以である。
08　「樹木という存在の持つ意味合いは（……）彼の眼と精神との本質的なありようを象徴する」（粟津則雄『オディロン・ルドン―神秘と象徴』美術出版社、一九八四）。ある種の作品では「異様に拡大して樹木というより樹木の精のごときものに化した巨大な樹幹がそびえたつ」（同前）。
　また、武満徹は「ルドンについて考えるとき、なぜか、いつも決まったように、樹を想う。（……）闇と光の境界に、孤独に、（……）立つ一本の樹だ」と言っている。「ルドン幻想」『世界美術全集　モロー・ルドン』小学館、一九七九

III　樹木の民俗

01　マルティン・ペルスソン・ニルソン『ギリシャ宗教史』創文社、一九九二
02　Michel Pastoureau et al: *Arbre*, Léopard d'or, 1993
03　Sébillot, *Le folklore de France*（セビヨ『フランス・フォークロア大全』）
04　土佐の平石の乳銀杏などが名高い。乳柱が五十本余りさがっている。
05　『RTP, 民間伝承誌』一八九九年八〜九月
06　Sébillot, *Le folklore de France*（セビヨ『フランス・フォークロア大全』）
07　谷口幸男ほか『ヨーロッパの森から』に、成木責めを紹介して、ついでに、「リンゴの木をわらで結んで豊かに実がなるように祈る」とある。フランスではこれは風邪ひきなどのときの治療呪術だが、ところ変われば品変わる例かもしれない。谷口の例はチロル地方である。最後の実を木に残しておく習慣について「植物霊に対する供物」ではないかと推測しているのはどうだろうか。こ

れも地方によっては、最後の実は鳥のためなどという。

08　植田重雄『ヨーロッパの祭りと伝承』早稲田大学出版部、一九八五

Ⅳ　昔話の森

01　関敬吾『日本昔話大成』三巻

02　たとえばバウキスとピレモンはゼウスを歓待し、喜んだゼウスからなんなりと願いをかなえようといわれ、相ともに死んで木になることを願った。

03　魚の王のタイプだと不思議な魚の身を食べた女が英雄を産み、その魚の骨や頭や内臓を埋めたところから犬と馬と剣が生まれ、その剣を手に、犬をつれて馬にまたがってでかける。

04　AT300の話ではここに竜退治の手柄を横取りする悪者が登場する。その多くが炭焼きである。竜の切られた首を持って行って、自分が退治をしたと称する。主人公がそこへあらわれて、竜の舌をみせる。証拠として切っておいたのである。

05　鬼につかまっていた姫君を助け出す話がないわけではない。佐々木喜善『紫波郡昔話』（名著出版、一九七六）の「桃の子太郎」がそうである。そしてもちろんこの話を知っていた柳田は「桃太郎」本来の語りが「妻まぎ」であったとするのである（『桃太郎の誕生』）。

06　ニコル・ベルモン『誕生のしるし』（Nicole Belmont, *les Signes de la naissance*, Plon, 1971）は、胞衣《えな》につつまれて生まれた子を、「帽子かぶり」として特別な霊能をもった英雄とみなす例をあげている。

07　川を流れてきたかどうかは野村純一（『昔話の森』大修館書店、一九九八）によれば本質的なことではないとなる。英雄の異常出生の要件として捨て子があるとすれば、川に流すというのはそのもっとも典型的な例であっても、たしかに山中遺棄などと置き換え不可能ではない。しかし、逆にいえば、いろいろな可能性の中で、川を流れてきたとすることには、川についての特別な意味あいがあったともみられる。柳田のようにこれを海神小童とするなら、水界をたどってくることの意味は軽くはない。

08　これを昔話における「植物的連続変身」となづける。変身のなかに小鳥のステップがはいるが、小鳥は種を運ぶ役をするので「植物」の変身のサイクルにはいるのである。

09　ピエール・ルイス「神秘のバラ」『書物の王国五　植物』国書刊行会、一九九八

10　子のない夫婦がミルテの枝でもいいと願うとその通り、ミルテの苗が生まれる。王子がそれをもらいうける。ミルテの精が毎晩、鉢を抜けだして王子と愛をかわす。王子の留守中に悪い女たちにミルテをめちゃくちゃにされ、妖精も切り刻まれてばらまかれるが、召使がそれをかき集めて、鉢に戻しておく。するとかけらから妖精が再生され、王子が帰ってきたときに王子の首に抱きつく。

11 最近はパリなどでもよく目にする。レストランの入り口に鉢植えの竹があったりする。多いのは矢竹である。

12 中沢新一も筆者の考えを要約するかのように言う。「神聖な威力にみちたものは、卵や中空の船によって保護されたまま、童子の姿でこの世界に出現する」(『精霊の王』講談社、二〇〇三)。

13 『ハンガリーの民話』(池田雅之他編訳、恒文社、一九八〇)に「三本枝の樫の木の妖精」がある。樫の木の枝を折ると妖精がでてくる。水をやらないと死んでしまう。三度目に首尾よく水をあたえた妖精が、妖婆によって水に突き落とされ、魚になる。そのあとは「三つのオレンジ」と同じである。ハンガリーなのでオレンジのかわりに樫の木になったのだろう。

14 これは水の妖精である。池に突き落とされると魚になるが、それが水の妖精の本来の姿である。蓮(睡蓮)になることもあるが、同様で、水辺の妖精は睡蓮として、魚として、あるいは水を求める美女としてあらわれる。「煙のように」消えるのではなく、「水になって流れ去る」のである。「消えたヒッチハイカー」の消えたあとに水たまりができている。

15 アラベルとビビアンヌの姉妹は孤児院をでる。孤児院の中庭には木蓮の大きな樹があった。彼女たちはその木の下で足をとめた。花は終わり、ただひとつの蕾が開こうとしていた。アラベルはそれをつんだ。彼女をまっていたのは瀕死の病人で、最後の願いによって彼女と結ばれることになっていた。病人は婚礼の際に言う。君は永遠にぼくのものだ。毎晩、木蓮の木の下に来てくれ、待っている。病人は死に、アラベルは木蓮の木の下に行った。彼はそこにいた。しかし、その蛇のような細い腕が彼女の首に絡まった時、彼女は気を失って倒れた。首には絞めたあとがあり、手には木蓮の花の蕾をにぎっていた(レミ・ド・グールモン『木蓮』)。

16 ペロー訳では「眠れる森の美女」とされるが、「森の眠り姫」のほうが正しい。グリムでは「いばら姫」である。

17 このあと王子は眠り姫と結婚するが、母后が人食いの魔女でうんぬんというのは付け足しで、別話が接合したものと思われる。

18 篠田知和基「地中海地域の昔話― バジルの鉢から見た地域的文化と風俗」『広島国際研究』十二、二〇〇六

19 エペソスのアルテミスは胸にたくさんの乳房状のものをつけている。一般にはこれを「多くの乳房の女神」とするのだが、多くは乳首のない球形ないし果実状のもので、奉納の果実だとか、牛供犠のさい切り取られた牛の睾丸だという説がもっぱらである。しかし多くの人がこれを乳房とみなしていたのは確かで、チボリのエステ荘の庭園にはこの像を大きくしたものがあり、その一五、六の「乳房」から水を吹き出している。乳首もある。

20 イザベル・フランコはロータスから太陽が生まれたとする。Isabelle Franco, *le Nouveau dictionnaire de la mythologie égyptienne*, Pygmalion.

21 『アジアの民話・インド編』大日本絵画、一九七九。この説話

について は沖田瑞穂「連続変身の説話の系譜」『中央大学人文研究紀要』七五、二〇一三がある。また、おなじ本におさめられた「プルマチ姫」でも、殺された王女が花になる。

22　植物と妖精が水辺で姿を交換し、火による破壊のステージをあいだにはさんで連続変身をすることは、とくに植物民話・植物神話のひとつの特性である。これは花が実になり、種が芽になる植物変身をあらわしているとともに、神と英雄が鳥や鼠や穀物などに次ぎ次に変身して戦う連続変身競争にも通じ合う。神はプロテウスのように変幻自在なのである。そのなかでも植物系の神格は水をとおってあらわれ、火による破壊からも再生するとともに、どんな容器にもはいって、その容器の形をとるという水の性質をあらわすものでもある。昔話における「連続変身」については、筆者の「地中海地域の昔話─バジルの鉢からみた地域的文化と風俗」(『広島国際研究』十二、二〇〇六)や沖田瑞穂の諸論文を参照。

23　日本民話の会『世界の花と草木の民話』

24　『チベットの民話』青土社

25　『書物の王国五　植物』国書刊行会、一九九八

26　「ロバ皮」では、金をひるロバを殺してその皮をかぶってゆき、火たき女として雇われる。「木のつづれ」は木製の衣服というより、衣服代わりに木の皮などをよせあつめて着ているのだろう。いずれも醜い外見で、中身の美しさを隠している。中身をみとめてくれるものがいれば美しい姿をあらわす。穢れの試練をへて幸せにたどり着く話だが、いつわりの外見と真実の中身の話でもある。

27　中央大学人文科学研究所編『フランス民話集 一』

28　中央大学人文科学研究所編『フランス民話集 一』

29　中央大学人文科学研究所編『フランス民話集 四』

30　「フランス神話学会機関誌」一八七号　樹木神話特集

31　フランスのブルターニュの話となっているが、『世界の民話 イギリス』所収である。

32　エスピノーサ『スペイン民話集』岩波文庫

33　小沢俊夫ほか『世界の民話　南欧』

34　小沢俊夫ほか『世界の民話　アメリカ大陸 一』

35　標準的な話では河内の信太の森が舞台になるが、ここはどうやら四国の「信太の森」である。伝承のゆれを示していて興味深い。

36　嫁入りの日に娘が瓢箪をもっていって、これを沈めて、お前の家へいれてくれたら嫁になろうという。瓢箪が千個という場合もある。多くは瓢箪に針を刺していて、蛇が針で血だらけになる。瓢箪で水神をへこませるのは、『日本書紀』にある。堤を築くのに人身御供をささげようとして指名された茨田連衫子が瓢箪を投げて、これを沈めたら生贄になろうという。おそらく世界的な昔話が先で、『日本書紀』はその伝承を採用したものだろう。

37　稲田浩二ほか『日本の民話』

38　関敬吾『日本昔話大成』七巻

39　関敬吾『日本昔話大成』七巻

40 関敬吾『日本昔話大成』七巻
41 関敬吾『日本昔話大成』四巻
42 関敬吾『日本昔話大成』三巻
43 稲田浩二ほか『日本の民話　甲信越』
44 稲田浩二ほか『日本の民話　山陰』
45 能田多代子『日本の昔話 七　手っきり姉さま　五戸の昔話』未来社、一九五八
46 平野直『すねこ・たんぱこ　南部伝承童話集』有光社、一九四三
47 水沢謙一『日本の昔話一・二　とんと昔があったげど　越後の昔話』未来社、一九五七〜五八
48 水沢謙一『日本の昔話一・二　とんと昔があったげど　越後の昔話』未来社、一九五七〜五八

V フランス文学の花と樹

01 アラン・コルバンは『緑陰の楽しみ』で、「ロンサールには植物的生活感があり、それが彼のエロチックな感情と密接に結びついていた」（二三五頁）という。
02 ルソーにおける樹木については『新エロイーズ』のなかの楽園クラランスの木立などについて語るべきだろうが、これについては拙著『緑の森の文学史』（楽瑯書院、二〇〇八）でとりあげたので、ここでは繰り返さない。
03 パリ近郊モンモランシーの森のなかに建てられた城館。「隠者の庵」の意。
04 モルデンケ『聖書の植物』（八坂書房、一九八一）によると「谷間の百合」はヒアシンス、「野の百合」はアネモネ、聖母の花は白ユリで、アーモンドは「目覚めの木」。知恵の木はアンズなどと出ている。
05 http://matome.naver.jp/odai/2137177254892914301
06 矢萩信夫『有毒植物』（ニュー・サイエンス社、一九八三）では有毒植物として以下のものをあげている。コマクサ、紫華鬘、オキナグサ、キンポウゲ、仙人草、フクジュソウ、チョウセンアサガオ、ヒヨス、ベラドンナ、水仙、スゾウラン、アセビ、ニチニチソウ、イヌサフラン、ルコウソウ、ノボロギク、ニオイアラセイトウ。
07 これについても『緑の森の文学史』に詳しく論じた。
08 ネルヴァルの詩は拙訳『ネルヴァル全詩』（思潮社、一九八一）参照。ただし、本書では訳を少し変えている。
09 そのかわり、「幼い日の緑の楽園」や、熱帯の棕櫚など、樹木はかなり出てくる。
10 「定家の執念葛となって、この御墓に這ひ纏ひて、互ひの苦しみ、離れやらず」
11 もう十数年前になるがアンジェ大学でトラサールをめぐるシンポジウムが開かれ、「水系の詩学・トラサール」といった題で話

をした。ほかの人の論考、その中には確かアンコリーについてのものもあったが、それらをまとめた一冊の本が、どこへいったかみつからない。

12　童貞の青年司祭セルジュは、聖母にエロティックな憧れをいだき、寝ても覚めても聖母の面影を抱きしめ、うわごとをいうまでになり、病気になって死にそうになる。そこで、パラドゥという自然林を取り込んだ荘園に保養におくられる。そこで彼は野性的な娘アルビーヌに献身的に介護され、なんとか死地を脱する。しかしアルビーヌの世話はそのあとも続いた。広大な自然庭園のあちこちに緑陰の隠れ家のような茂みがあり、そこで、恋のてほどきをする。はじめて性に目覚めたセルジュはすべてを忘れてその愛に溺れるが、あるとき、司祭としての務めを思い出し、こうしてはいられないと、すがりつくアルビーヌをふりきって司祭館へ戻ってゆく。

13　ジオノは木を生きたものとしてとらえていた。ときに女のようにも。『世界の歌』の次の描写は女のからだを感じながら木の肌をさわっているところである。「アントニオは橅の木にもたれかかった。（……）樹液が皮の裂け目から滴り落ちていた。裂け目は開いたばかりだった。かれはその緑色の木のそっと広がってゆく唇を指先で感じ取った」。山本省訳『世界の歌』河出書房新社、二〇〇五

14　邦訳で「物言う樫の木」となっているので、樫の木とする。樫についてはオークの訳語として定着している感もある。オークはコナラだが、文学作品などでなじんでいる場合は樫とする。その他は樹木名として樫としているが、正確な樹種名ではない。なお樅や松も日本で見られるものとヨーロッパのものは異なっている。クリスマスツリーはトウヒである。

15　岡谷公二は蛇使いの女が「枝に体をまきつけ」ているとして、彼女にからまっているものが蛇ではなく、木の枝だとしている（『アンリ・ルソー 楽園の謎』新潮社、一九八三）。

16　「深い静寂の中から、蛇使いの吹く横笛の音がたしかにきこえてくる」（岡谷、前掲書）。

VI　日本文学の花と樹

01　『狼森、笊森、盗森』、あるいは「かしははやしの夜」など。また「土神と狐」の樺の木、「若い木霊」などもある。

02　『高野聖』の蛭の森、あるいは『山海評判記』『龍潭譚』のツツジ、『黒百合』など。

03　ダチュラには黄花もある。

04　一か月前に女房子供を交通事故で亡くして、やけをおこしている。主人公の分身である。

05　この物語については、一度フランスの海外県、火山島のレユニオンで、講演をした。ヴェスヴィオ火山にのぼって、海に飛び込んで死のうとしたネルヴァルの短編『オクタヴィ』と対比させて

話をした。ネルヴァルの主人公も何度か飛び降りようとして死にきれなかった。その前の晩はあやしげなジプシー娘と一夜をともにした。明け方、噴煙がたちこめて目を覚まして、山に登ったのである。

なお、この作品『幻化』を「戦争文学」として、ふまじめな責任のがれの作であるとする批判があるようである。見当違いの批判であろう。

06　星の王子は毎日バオバブの芽を摘んでいた。そうしないと、彼のちいさな星がバオバブだらけになってしまうのだ。そのうち、バオバブとはちがう芽をみつけた。バラである。バラは花ひらくと、ただちに媚態を示し、王子を誘惑にかかった。王子は彼女の言うままに、水をやったり、風よけをたてたりして走りまわる。しかし、最終的に女の媚態を理解できなかった彼は、裏切られる思いで、星をあとにしてきた。物語の最後で、彼は自分の星へ帰ってゆくのだが、彼が帰ったとき、それはバオバブだらけの星になっていないという保証はなかった。また世話をするものもなく、彼のバラが枯れていないという保証もない。自然は放っておけば人間の領域を侵略するか、あるいは放置されれば枯死するかどちらかである。

07　ちなみにくみの生母がその様子をじっと見ていた。

08　ロデンバックに木蓮をうたった「神秘」という詩がある。女のけだかさを純白の木蓮の花にたとえている。

ピエト・モンドリアン《灰色の木》1911年　デン・ハーグ市美術館

索　引

モーリス・ドニ《ミューズたち》1893年　パリ、オルセー美術館

ナビ派の代表者モーリス・ドニがサン・ジェルマン・アン・レのマロニエの森を逍遥する9人のムーサ（学芸を司る女神）たちを描いたもの。サン・ジェルマンにはジャン＝ジャック・ルソーやネルヴァルもたびたび足を運んだ。

著者紹介

篠田知和基（しのだ ちわき）

1943年東京生まれ。パリ第8大学文学博士。名古屋大学教授ほかを歴任。比較神話学研究組織GRMC主宰。

著書：『幻影の城－ネルヴァルの世界』（思潮社）、『ネルヴァルの生涯と作品－失われた祝祭』（牧神社）、『土手の大浪－百閒の怪異』（コーベブックス）、『人狼変身譚』（大修館書店）、『竜蛇神と機織姫』（人文書院）、『日本文化の基本形○△□』『世界神話伝説大事典』〔共編〕『世界神話入門』『フランスの神話と伝承』（勉誠出版）、『空と海の神話学』『魔女と鬼神の神話学』『光と闇の神話学』（楽瑯書院）、『世界動物神話』『世界鳥類神話』『世界昆虫神話』『世界魚類神話』『世界風土神話』『世界異界神話』『愛の神話学』『ヨーロッパの形－螺旋の文化史』（八坂書房）、ほか多数。

訳書：ジョルジュ・サンド『フランス田園伝説集』（岩波文庫）、ジャン・レー『新カンタベリー物語』（創元推理文庫）、ジェラール・ド・ネルヴァル『東方の旅』（国書刊行会）、ジェラール・ド・ネルヴァル『オーレリア』『火の娘たち』『ローレライ』（思潮社）、ほか多数。

世界植物神話

2016年 6月10日　初版第1刷発行
2022年 3月30日　初版第2刷発行

著　　者　篠田知和基
発 行 者　八坂立人
印刷・製本　シナノ書籍印刷(株)

発 行 所　(株)八坂書房

〒101-0064 東京都千代田区神田猿楽町1-4-11
TEL.03-3293-7975 FAX.03-3293-7977
URL: http://www.yasakashobo.co.jp

ISBN 978-4-89694-223-1